阿尔法经济学

赢取资本超额收益的法则

Alphanomics
The Informational
Underpinnings
of Market Efficiency

[美] 李勉群 [美] 苏子英 著
张然 译

北京大学出版社
PEKING UNIVERSITY PRESS

著作权合同登记号　图字：01-2018-0985
图书在版编目(CIP)数据

阿尔法经济学：赢取资本超额收益的法则/(美)李勉群(Charles M.C. Lee),(美)苏子英(Eric C. So)著；张然译.—北京：北京大学出版社,2019.5
　　ISBN 978-7-301-30256-9

Ⅰ.①阿… Ⅱ.①李… ②苏… ③张… Ⅲ.①对冲基金—投资—研究 Ⅳ.①F830.59

中国版本图书馆 CIP 数据核字(2019)第 038594 号

Alphanomics: The Informational Underpinnings of Market Efficiency
Charles M. C. Lee and Eric C. So
ISBN: 978-1-60198-892-8
Authorized translation of the English edition © 2015 Now Publishers, Inc. This translation is published and sold by permission of Now Publishers, Inc., the owner of all rights to publish and sell the same.
本书中文简体版权 © 2019 由北京大学出版社与 Now Publishers 所有。

书　　　名	阿尔法经济学：赢取资本超额收益的法则 AERFA JINGJI XUE: YINGQU ZIBEN CHAOE SHOUYI DE FAZE
著作责任者	〔美〕李勉群(Charles M.C.Lee)　〔美〕苏子英(Eric C. So) 著 张然 译
责 任 编 辑	黄炜婷
标 准 书 号	ISBN 978-7-301-30256-9
出 版 发 行	北京大学出版社
地　　　址	北京市海淀区成府路205号　100871
网　　　址	http://www.pup.cn
微信公众号	北京大学经管书苑(pupembook)
电 子 信 箱	em@pup.cn　　QQ：552063295
电　　　话	邮购部 010-62752015　发行部 010-62750672 编辑部 010-62752926
印 刷 者	北京中科印刷有限公司
经 销 者	新华书店
	890 毫米×1240 毫米　32 开本　7.875 印张　170 千字 2019 年 5 月第 1 版　2022 年 2 月第 3 次印刷
定　　　价	68.00 元

未经许可，不得以任何方式复制或抄袭本书之部分或全部内容。
版权所有，侵权必究
举报电话：010-62752024　电子信箱：fd@pup.pku.edu.cn
图书如有印装质量问题，请与出版部联系，电话：010-62756370

序 一

2018年春节后北京大学张然教授交给我一个任务，为李勉群（Charles M. C. Lee）教授和苏子英（Eric C. So）教授合著的《阿尔法经济学》中文版作序，这既是我的荣幸也是一个挑战。荣幸的是，有机会介绍我的朋友和量化投资的启蒙导师李勉群教授所著的新作；挑战的是，深刻理解这部新作的精髓并介绍给中国读者。15年前我加入巴克莱全球投资公司（Barclays Global Investors，BGI），跟随李勉群教授从事量化投资管理工作，在他的指导下，系统地理解量化投资的核心理念和投资流程，从管理几千亿美元的量化投资组合中实践阿尔法投资策略、风险管理、投资组合优化等科学投资方法。投资的基本过程就是从数据中提取投资信息，并基于投资信息形成投资策略。寻找有合理经济意义的阿尔法投资策略是主动基金经理的不变追求。在与李勉群教授一起工作的期间，我们开创了从非结构化数据中提取阿尔法信息的研究体系，包括管理层分析、卖方分析师的研究观点以及投资者和新闻媒体的情绪等，从而大幅提升了投资管理的能力。正是受到上述多年工作经历的启发，我们认识到随着大数据的发展，信息市场将越来越重要，于2013年成立通联数据股份公司，致力于运用大数据和人工智能等技术，低成本地从海量数据中为投资者获取有价值的投资信息，帮助投资者通过信息套利获取更高的超额收益。

《阿尔法经济学》系统地总结了投资领域的学术研究成果和投资实战经验，是有效市场背后获取超额收益的信息经济学，囊括了信息套利作为可持续的商业活动所涉及的成本和动机。正如格罗斯曼（Grossman）和斯蒂格利茨（Stiglitz）所指出的，信息是有成本的，价格不能完全反映所有可得信息，否则那些花费资源去购买信息的人就得不到任何好处。投资领域存在两个既有联系又有区别的市场：资产本身的交易市场（资产市场）和资产信息的交易市场（信息市场）。主动投资的目的是不断获取可产生超额收益的资产信息，在资产市场通过信息套利来实现超额收益；信息市场是投资研究的重心，经济动机、行为偏差和其他信息市场摩擦是更好地理解资产定价问题的关键。

《阿尔法经济学》围绕资产定价的席勒模型来理解信息套利的复杂过程，席勒模型巧妙地将三个关键因素融入证券价格：企业基本面、投资者情绪和套利成本。信息套利是有成本的，市场价格与企业基本面相关，但并不仅仅由基本面决定；当套利成本趋于零时，价格反映了基本面价值，当套利成本趋于无穷时，非理性投资者情绪则决定了资产价格。《阿尔法经济学》系统地阐述了影响证券价格的三个关键因素的信息来源，以及这些信息如何影响资产价格，同时提供了研究方法论，区分资产收益的两个来源——风险补偿和错误定价，并从三个维度——年化收益率、广度和容量评估收益可预测性的经济意义。

《阿尔法经济学》验证了在投资领域"信息比知识更重要"的共识。随着云计算和移动互联网技术的快速发展，数据采集的效率大幅提升，数据的维度得到快速扩展，数据产生的渠道更加多样化,形成了信息时代的大数据。投资领域的大数据主要包括三类:(1)关于人的信息,例如手机记录了人的定位、消费、社交等数据;(2)关于物的信息,各种物联网采集到的各种设备的数据,例如车载设备记录整个行车过程的数据;(3)关于环境的信息,随着监控技术和低轨卫星技术的发展,环境变化数据的累积越来越丰富,包括道路上的车流量、港口的运营情况、农作物的生长等。随着数据维度的拓展,尤其是广度的扩张和速度的提升,我们在投资过程中可以利用的信息越来越多。第一个和传统的研究过程不一样的数据就是企业专有数据,比较典型的像互联网用户行为数据、支付渠道数据、运营商数据、商贸数据、物流等,各种与企业相关的专有数据现在逐步向投资机构开放;第二个是公开的结构化、非结构化的数据,包括像微信、微博、网络论坛、网络社交等,这些公开数据呈指数级增加,信息覆盖面更广,尤其适用于测度市场情绪,当然不只是市场情绪,还包括基本面的信息。

投资本身就是时间的竞争,如何从海量数据中快速提取有价值的投资信息是所有投资者面临的一个新挑战。庆幸的是,过去十多年来,算法尤其是机器学习的算法发展迅速,结合前沿的算法和投资者对专业知识的理解,我们可以利用人工智能技术从海量数据中高效、低成本地获得投资信息,实现投资领域的智能投资分析平台。智能投资平台是信息时代的投资科技从底层的数据开始聚合,在此基础上建立人工智能处理的工具(比如知识图谱、垂直搜索等),这个处理过程相当于把原始数据转换成有投资价值的信息,包括用自然语言处理方法和图像处理技术从文本、语音以及图像中提取有效信息,进而帮助投资人员低成本地从事投资研究、形成投资策略、积累投资知识。基于大数据分析方法和人工智能技术，研究的过程和研究的结果都能沉淀下来，有助于投资人员不断学习和提升投资能力。

投资是科学和艺术的结合，展望未来，人工智能将把量化投资和基本面投资结合起来，通过积累大量投资研究行为数据，借助机器帮助学习、归纳和总结基本面投资的分析方法与经验，形成一套可重复的研究模型，形成"量本投资"的新范式——智能投资。

巴克莱全球投资公司倡导的科学投资理念在中国资本市场获得广泛认可，《阿尔法经济学》将为投资从业者进一步理解主动投资的前沿发展趋势提供一个理论框架，指导主动投资管理者更加科学地发现阿尔法的信息来源，从而推动市场有效性的提升。

王 政
通联数据股份公司 CEO
2018 年 12 月

序 二

"投资学"是不是一门科学学科？它有没有支撑一门科学学科所需的基本理论？如果有，其基础理论的应用能否解决或解释现实投资问题？

对这些问题的回答，不仅社会人士意见不一，投资界人士甚至金融学学者也未见得都是肯定的。

在人们的意识中，科学都应该像牛顿力学一样，在理论界定的范围内，理论上既具有完备性，现实中又不被违反；或者像一个化学实验，不论谁来做，结果都是一致的。但是"投资学"和投资活动，似乎不符合这个规律。以著名的资本资产定价模型（CAPM）为例，即使其主要提出者威廉·夏普教授因此获得了诺贝尔经济学奖，但多年来不断有学术文章讨论它是"活的"（alive）还是"死的"（dead）。同样获得诺贝尔经济学奖的有效资本市场理论，自面世后激发了大量的资本市场并非充分有效的"反例"研究，迄今不绝。而近年来屡获诺贝尔经济学奖青睐的行为经济学、行为金融学理论，又给人一种"揣摩式"研究的印象：典型的这类实证文章往往是"我们发现的结果符合"某种投资人心理偏差，而不敢说"我们确认"某类心理偏差的存在。

上述这些问题容易使人们得出"投资学不是一门科学学

科，没有基本理论，不能解决或解释现实问题"的观点。这样的认识是很危险的。航空工程师如果不相信空气动力学理论的存在，很难想象他们能设计出安全的飞行器；医药研发人员如果不学习化学、生物学理论，很难想象他们能开发出有效的新药。"投资学"研究的对象与力学、化学等科学学科一样，是客观存在的世界，而不是像文学或艺术，不同的人欣赏同一部作品可以体会出不同的意象。金融危机、资产泡沫的反复出现，不能证明"投资学"并非基本科学理论，反而一次次证明违背"投资学"基本理论对经济社会发展和投资者的危害。

如果有一位学者愿意付出个人珍贵的时间和精力，用相对通俗的文字阐述清楚"投资学"的学科基础、基本理论并指导投资实践，那一定是李勉群（Charles Lee）教授。李勉群教授是国际范围内金融学、会计学学术界顶尖学者之一，现任斯坦福大学商学院 Moghadam Family 讲席教授，他在企业估值、行为金融学、市场投资异象、市场微观结构等领域发表了大量的具高度影响力的学术文章。2004—2008 年，他任职巴克莱全球投资公司（现属于贝莱德集团 Blackrock），在领导巴克莱全球投资公司投资研究团队的同时管理其中的北美主动策略基金。学术成就和实践业绩都使他成为阐述"投资学"理论与实践的理想学者。《阿尔法经济学》一书的出版值得引起学术界和投资界的重视。

李勉群教授是我学术道路和人生道路上的导师。2003 年起他出任北京大学光华管理学院会计系特聘教授、共同系主任，对北大会计学科的快速发展提供了巨大的帮助，包括我本人在内的几位学者的成长均深深得益于他的引领和支持。迄今，我的科研与教学活动依然处于李勉群教授引领我进入的学术园地，即《阿尔法经济学》阐述的"投资学"的理论框架和历史脉络。我相信，学术界和投资界人士一定会从本书中获益匪浅。

姜国华

北京大学光华管理学院教授

2019 年 2 月

译者序

还记得第一次见到李勉群教授是在2007年9月，他作为北京大学光华管理学院会计系的共同系主任到访光华管理学院。第一次会面，我就感觉他非常平易近人。后来，由于工作的关系，接触越来越多，也越来越深地敬佩这样一位成就卓越同时谦逊低调的学者。他用一篇篇学术论文向大众揭示人性的弱点和市场的局限，并且身体力行、用实际的投资和授课提升市场效率。知行合一，李勉群教授是我见过的做得最好的人。

在研究方面，李勉群教授在会计学、金融学和经济学领域的顶级学术期刊上发表了大量关于量化投资、行为金融和权益估值的论文。1990—2018年，他在顶级学术期刊上共发表了47篇论文，为相关学科的发展做出了巨大贡献。在投资实践方面，他于2004—2008年担任巴克莱全球投资公司权益研究全球主管和北美主动策略基金主管，管理着超过3 000亿美元的主动权益资产。

李勉群教授不仅取得了卓越的研究成果，还将研究和投资实践带进课堂，教学成绩斐然。在教学中，他不但能纵览全局，教给学生最有用的信息和思维习惯，而且经常把比较难的学术思想用简单的比喻解释清楚。比如，他最大的兴趣是钓鱼，一直喜爱大海，所以他曾经形象地把股票价值比喻为海平面，并说道："海并不总是平的,因此才有冲浪者的存在,但由于重力的作用,海浪总是在寻找着回归海平面……这就像股票市场的价值和价格,价格并不总是等同于价值,所以才有套利者的存在,但价格最终会回归价值。"这些生动形象的比喻,让很多难以理解的道理变得浅显易懂。他在斯坦福大学长期开设阿尔法经济学(Alphanomics)课程,并把研究成果和投资实践带到课堂中。李勉群教授讲课理论联系实际,广受学生好评,并获得2017年度斯坦福大学MBA卓越教学奖和2017年度美国会计学会教学创新奖。

自认识他开始,他在各方面的成就和一言一行便激励着我一点一滴向他看齐。他对我说过的一些话,也成为我的座右铭,时刻鞭策着我成长。他对自己的著作和文章的要求达到极致。在《阿尔法经济学》出版之前,我曾经有幸与他合作两篇文章,其中一篇发表在会计学顶级期刊 The Accounting Review,另一篇发表在金融学顶级期刊 Journal of Financial Economics。在合作研究的过程中,我一次次地为李勉群教授独到的眼光、对研究大方向的精准把握,以及作为资深教授依然俯身与我们一起研究文章内容细节所感动和激励。

2017年暑假,我再次赴斯坦福大学,和李勉群教授开展合作研究。我们拜访对冲股权基金公司的过程中,一位在华尔街工作多年的对冲基金合伙人提到李勉群教授刚刚在美国出版的新作《阿尔法经济学》,赞不绝口,誉为"A master piece"(巨著)。几天后,我和李勉群教授从旧金山一起到圣地亚哥参加美国会计学会年会,他此次正是去领取教学创新奖——表彰他在阿尔法经济学课程上的创新。在三天会议期间,我亲眼看到他作为斯坦福大学商学院讲席教授，如何高效地工作以及对工作澎湃的热爱。回程途中，我提出将《阿尔法经济学》翻译成中文并在中国出版的想法。正是李勉群教授将我带入基本面量化投资的殿堂，而我了解到，此时的中国正在进入基本面量化投资的高速发展期，《阿尔法经济学》对该领域的发展无疑将发挥巨大的推动作用。

真正着手本书的翻译，时常感觉"诚惶诚恐"，因为原著的英文文采非常美妙，我生怕因翻译不到位而体现不出原有的意境。另外，本书可称为"文献的文献"，涉及四百多篇参考文献，可以说是这四百多篇经典文献精华的总结。在写作时，作者假设读者已经熟知这些经典文献，有时一个自然段就总结归纳了几篇文章的主要内容，信息量非常大。在翻译的过程中，我们常常要去查阅这些文章原文，如此才能准确理解作者想要表达的含义。为了方便读者理解，我们尽可能地添加"译者注"加以说明。由于很多段落的信息量很大，希望掌握这些知识的读者需要静下心来仔细阅读，有时仍旧需要阅读相关研究文献才能真正理解。

在翻译的过程中，我们得到了不少学界和业界人士的帮助与支持。特别感谢平安资管首席投资官张一清博士，张博士曾经在巴克莱全球投资公司、社保基金和中投公司工作，他非常认可学术研究对投资实践的指导价值，欣然同意为本书推荐，并对本书在中国市场的传播提出了非常宝贵的意见。正是基于张博士的意见，在尽量尊重原文的基础上，我们使用更符合中文习惯的表述来体现原著的思想。特别感谢易方达基金指数与量化基金部总经理林飞博士，初稿完成后，他给出了很多修改意见，并从实务角度给予了可贵建议。感谢通联数据创始人、CEO 王政博士，博时基金指数与量化部总经理黄瑞庆博士，基金经理桂征辉、林景艺，嘉实基金量化投资部总监刘斌博士，量信投资创始人石川博士等，各位从业界角度对译稿的宝贵意见，促使我们进一步修改更正，产生了现在的版本。特别感谢中投公司汪荣飞博士，他一直致力于基本面量化投资的研究和实践，仔细修改若干章节数次，使全书增色不少！也正是汪荣飞博士所说的一句话"李勉群教授发表了很多文章，但只出版了这一部著作，足可见其重要性"，激励我将翻译工作力求做到最好，尽量精益求精，对得起作者所倾注的心血。

在本书的翻译过程中，许多选修过"财务分析与量化投资"课程的同学参与了资料整理和审阅校订等工作。在此，我们感谢这些同学：寇雨婷、杜宜学、何致远、沈铂涵、庞博琛。我们同时感谢北京大学出版社李娟和黄炜婷两位编辑的审校与帮助。

最后，特别感谢李勉群教授所给予的这个机会，让我将他的巨著带到中国。怀着一颗诚惶诚恐的心，希望这些工作能为中国证券市场的投资实践和效率提升做出些许贡献。

张　然
北京大学光华管理学院教授
2019 年 2 月

中文版序

2003年1月，应北京大学光华管理学院的邀请，我来到北京举办了一系列讲座。我第一个演讲的主题为"市场的魔力"，第二个主题为"基于基本面分析的量化投资"，听众大部分为在校的学生和教师。而在学术圈之外，可能很少有人注意到这些演讲。

15年匆匆而过，与当时相比，情况发生了很大变化。2003年，中国股票市场（包括沪市和深市）总市值约为0.42万亿美元。现在，中国股票市场总市值约为4.12万亿美元。虽然2018年是近年来市场表现最不好的年份之一，但自我访华以来，中国股票市场总市值仍然翻了近10倍；而在同样的时间段，美国股票市场总市值仅增长了约90%。

这种变化不仅仅体现在市场规模上。中国资本市场的深度在逐渐增大，上市公司数量也越来越多。更重要的是，中国投资者越来越意识到基本面量化投资的重要性。股票的长期价值与公司经营的现金创造能力密不可分。中国越来越多的资产管理公司正在接受这种基于基本面价值的投资观点。与此同时，计算能力的提高和财务及相关数据获取难度的降低，使得基于基本面的量化选股策略对中小投资者而言也成为可能。

这就是阿尔法经济学的用武之地。我和我在麻省理工学院的同事苏子英教授合著的这部《阿尔法经济学》，希望能为价值投资的理论与实践构建相互联系的桥梁。许多学者在行为经济学、基本面分析和股票收益的预测性方面做了大量的工作；然而，很多金融从业者并不了解这些研究，对他们来说，主动投资通常只是艺术而不是一门科学（如果金融从业者能够快速了解这些研究成果，对他们的投资而言会大有裨益）。在学者中也存在类似的问题，如今，许多学者仍坚持一种过时的市场有效性观点，在他们看来，主动投资是遥不可及、近乎神话的。

我们希望《阿尔法经济学》能帮助学者和金融从业者更好地理解彼此的世界。我们认为主动投资是一门应用型科学，主动投资应该基于证据和事实，以及对人类行为和股东价值创造经济学的深刻理解而进行。这就是促使我们完成这部关于市场有效性的信息基础的《阿尔法经济学》的最重要原因。

我们特别感谢张然教授，她非常认真且孜孜不倦地把《阿尔法经济学》翻译成中文。张然教授同时精通两种语言，并且深入了解中国资本市场。她的努力使我们得以向全新的读者介绍有关股票回报可预测性这一门庞大且令人兴奋的科学。

作为中国人，这是一个激动人心的时刻；作为投资者，这同样是一个激动人心的时刻。希望您发现《阿尔法经济学》对您的投资有所帮助，希望您也成为一名阿尔法经济学人（运用阿尔法经济学所阐释的科学方法赢取资本超额收益）！

李勉群
斯坦福大学商学院讲席教授
2019年2月

前　言

假设非常重要，它们往往会限制学术研究的灵活性，并且划定值得研究的范围。也许不知不觉间，一旦这些假设被认可的时间足够长，我们就会完全意识不到这些假设的存在。

主流的会计和经济学思想在很大程度上受到经典信息经济学（classical information economics）的影响，而经典信息经济学基于完全理性假设研究理性行为。虽然完全理性这一强有力的假设已经被证明具有很高的指导意义，但是它导致一个不好的趋势，即经济学家赋予决策者无限的信息处理能力。我们认为这一趋势是不好的，因为它会阻碍其他有潜力的研究方向的发展。

在资本市场研究领域，完全理性假设使得有效市场理念根深蒂固，以至于多年来，其他基于非完全理性假设研究的发展颇受阻碍。作为经济学家，我们倾向于想当然地认为套利机制是有效的，总是假定几乎没有套利限制、套利成本和套利风险。认为套利机制完全有效的信念阻碍了主流经济学对于信息获取、信息分析和信息聚合的动态过程的研究。股票价格通常也被假定是正确的，并且正确股票价格的形成过程也受到轻视。

从大学的课程设置中可以明显地看出我们对于有效市场的共同信念的深度。在当今最顶尖的商学院，投资课程都是由受过均衡理念熏陶的金融经济学家开设。在这些课程中，有效市场假说总是被当作知识高地——理性思维的必然产物，学生被告知市场出清条件要求价格反映当前所有可得的信息。尽管这一观点既不符合逻辑也不满足现实，但它仍然长期存在。

本书是对市场有效性、行为金融和基本面分析领域学术研究的专题介绍。前两章分别梳理学术界关于市场有效性研究的发展脉络，并引入噪声投资者模型作为理性的替代。后四章详细阐释前两章中介绍的几个概念。具体而言，第3章回顾投资者情绪的相关文献，并阐明投资者情绪是风险和收益的来源；第4章讨论基本面分析在价值投资中的重要作用；第5章回顾套利限制的相关文献；第6章讨论研究方法，探讨如何区分风险补偿和错误定价。

我们要解决的问题包括：为什么我们相信市场是有效的？这一信念会产生何种问题？哪些因素会抑制或者提高市场效率？投资者情绪和套利成本在决定信息有效性均衡水平的过程中发挥哪些作用？价值投资的本质是什么？价值投资与基本面分析（对历史财务数据的研究）的关系如何？如何辨别可预测收益是来自风险补偿还是来自错误定价？

市场有效性的程度会影响我们对会计研究的需求，包括投资决策、监管规则制定、业绩评价、公司治理、契约设计、高管薪酬设定和公司信息披露决策。人们对有效市场的信念会影响研究设计，特别是市场价格在分析中所起的作用。也许最重要的是，对本书的目标受众而言，有关市场有效性的看法会对他们的研究工作产生深远影响。事实上，我们相信，在资本市场领域，一名学者选择研究什么问题在很大程度上取决于其对市场效率的相信程度。

前言

近四十年前,迈克尔·詹森(Michael Jensen)在《金融经济学期刊》(*Journal of Financial Economics*)研讨会上发言:"我相信在经济学中,没有任何命题的实证证据会多于有效市场假说。"(Jensen,1978)引用更少但或许更重要的是詹森(1978)结尾的附注。在研讨会上评论市场定价异象的证据时,他写道:"我毫不怀疑在未来几年里,我们将会发现更多的异象并且开始理解产生这些异象的原因。但这并不意味着放弃有效性这一概念,也不是放弃资产定价模型。不管怎样,从现在开始五年后,学者对这些概念会有更深入的理解,并且对于我们周边的世界也会有更本质性的了解。"本书试图总结我们目前所知的知识,同时探讨作为学者对该领域未来的展望。

尤金·法马(Eugene Fama)、拉尔斯·彼得·汉森(Lars Peter Hansen)和罗伯特·席勒(Robert Shiller)荣获 2013 年诺贝尔经济学奖。对于这些多年来争论有效市场理论的学者而言,法马和席勒对于有效市场理论的观点是完全不同的,共同授予他们诺贝尔经济学奖颇具讽刺意味。法马被授予这一荣誉是因为他在 20 世纪 60 年代发现股价是可得信息的准确反映。席勒被授予这一荣誉在很大程度上是因为他在 20 世纪 80 年代发现该理论的局限性——股价会偏离理性。在颁发诺贝尔经济学奖时,瑞典皇家科学院指出,三位学者的研究成果"奠定了我们如今对资产价格理解的基础"。为了说明他们的贡献,委员会指出,三位学者的发现表明"市场价格的波动受到理性和人类行为的共同影响"。

市场价格的波动受到理性和人类行为的共同影响。自 1978 年《金融经济学期刊》的研讨会后,我们已经走了很长的路!

正如詹森所预期的，金融经济学家并没有放弃理性或者有效性概念。均衡思想的影响依然很强大。但同时，近四十年后的今天，我们已意识到人类的行为和套利成本在资产定价中的重要性。许多学者开始对不完美市场感兴趣，并致力于解决不完美市场的局限和问题。从这个意义上讲，我们对周边世界确实有了更清晰、更完整的认识。

近几十年来，学术界对于市场有效性的关注重点逐渐从一般性议题转向更具体的研究问题。虽然早期研究倾向于争论市场是否有效，但大多数的近期研究承认完全有效的市场是不可能存在的，并且将研究重点放在对信息能否得到及时反映并产生实质性影响的相关因素上。丰富的金融学文献检验了"噪声交易者需求"和"投资者情绪"（广义定义为由非基本面因素导致的股价压力）。目前已有大量证据表明投资者情绪会影响资产定价以及实际经济决策，比如公司财务、投资、股利政策和披露决策。同时，越来越多的人开始关注监管决策如何影响信息套利者，从而阻碍或者提高市场有效性。

不管人们对市场有效性的看法是什么，鲜少学者否认以"战胜市场"为中心任务的主动资产管理是一项庞大且繁荣的业务。金融市场之所以高效是因为每天都有足够的资源投入以保持它的有效性。① 代理人获取并处理新信息，以期从投资中

---

① 正如第1章所详细讨论的，我们估计截至2012年年底，由专业主动型基金经理管理的各类资产规模合计至少达到60万亿美元。美国共同基金市场规模超过6万亿美元，对冲基金市场规模至少2万亿美元（详见2013年投资公司报告，http://www.icifactbook.org/）。因此，我们显然需要大量的资本和资源以实现目前所享有的定价效率水平。

获利,其持续获利强有力地说明了均衡下错误定价的程度。同时,这些信息传播者要面对复杂的、带有多种成本和风险的生产函数,包括随时间变化的资本约束、道德风险问题、风险管理问题、证券出借成本,以及实际操作中遇到的各种各样的挑战。市场有效性必然是信息套利者面临的成本约束的函数。①

在我们看来,市场有效性的一种简单模式是假定股票价格等于基本面价值。这对于如今的资本市场研究而言显然是一个非常不合适的出发点。② 对于我们而言,这一模式过度简化,低估了信息成本的作用,未能捕捉到市场价格动态变化的丰富内涵与价格发现过程。股票价格并不会如收到指令般迅速调整到基本面价值。在现实中,引起股票价格波动的是连续的信息流、伪装成信息的谣言和这些谣言的影射。对这些信号或伪信号作出反应的个人投资者,无法轻易认清自身拥有的信号在多大程度上已反映在股价中。这一充满噪声的价格发现过程需要时间和努力,并且只有在消耗相当大的社会成本后才能实现。

当信息处理有成本时,其中就充满了研究机会。鉴于噪声价格和套利成本的存在,学术研究可以通过提高套利机制的成本效益来贡献价值。一些研究运用先进的技术识别套利机会。另一些研究则关注系统噪声的来源,探究使价格偏离价值的行为因素和非基本面原因。还有一些其他的研究(比如盈余质量或者基本面分析)有助于投资者更合理地对证券进行估值。

---

① 我们定义信息套利交易为针对市场非完美的谋利行为。我们后面会讨论,这个定义比一些金融教科书中的定义更宽泛。

② 在这一论述中,基本面价值的定义是基于当前所有可得信息的未来股利的期望价值。有效市场假说的定义请参阅第 1 章。

最后，对套利限制和市场机制设计的研究，有助于我们更好地理解和管理那些获取信息并使市场更有效率的人所面临的成本。这些代理人的动机如何受证券市场法规和强制性公司披露政策（如公允价值计量、采用国际财务报告准则）的影响？大数据对获取信息和赚取超额收益的过程有何影响？对我们而言，一旦我们愿意抛开有效市场假说，就意味着打开了充满研究机会的广阔世界。

大部分研究都有一个实用的聚焦点，它们本质上是决策驱动的、跨学科的、前瞻性的。这些研究是从会计信息使用者的角度，而不是从会计信息提供者的角度出发的。这些研究不会简单地认为市场价格等于基本面价值，而会谨慎地估计公司价值以挑战和规范价格。这些研究的最终目标是在解决金融经济学重要问题的同时，提高信息使用的成本效益，进而提高稀缺资源的分配效率。

谨以此书献给这些决策驱动和前瞻性的研究，它们是不断寻求更强有效性市场必不可少的组成部分。我们称这种类型的研究为Alphanomics——阿尔法经济学，即有效市场背后的信息经济学。Alpha指超额收益或者财务收益率，它是部分投资者获取信息、进行成本套利活动的动机。Nomics指获取超额收益的经济学，它囊括了信息套利作为可持续商业活动所涉及的成本和动机。

我们提醒读者注意两点。第一，研究证据集中于公开交易的股权类证券。我们必须指出，在金融领域，大量针对相关议题的研究文献涵盖了全球背景下的各大类资产。虽然我们只简要介绍这些文章，但是所讨论到的许多原则也适用于其他各类资产。第二，关注信息意义上的市场有效性，也就是价格是否以及如何反映现有可得信息。Tobin（1984）对经济效率的定义更为宽泛，我们认为他的研究非常具有启发性，特别是他对自由市场"功能效率"的见解非常有见地。限于篇幅，本书并没有涉足这一方向，但鼓励有兴趣的读者把 Tobin（1984）的研究纳入必读参考文献。

本书由六章组成。前两章大量借鉴金融经济学家的著述。第 1 章"市场的魔力"，回顾有效市场假说的理论基础，并讨论它所导致的一些局限和偏差。有些人把有效市场假说与牛顿物理学进行类比并认为，虽然我们知道有效市场假说并不是完全成立的，但就实用目的而言它是一个保险且具有可操作性的假设。我们批判性地评价这一说法，并讨论有效市场假说严重失灵的情况。

第 2 章介绍一个简单的噪声交易者模型（noise trader model，NTM），该模型由 Shiller（1984）首次提出。它非常吸引人的一个方面是能够明确识别信息成本的作用。与有效市场假说假定信息成本微不足道不同，噪声交易者模型认为信息的作用是内生的，并且信息的获取和分析成本对均衡价格具有直接影响。

第 3 章讨论投资者情绪，回顾过去三十多年来大量的噪声交易和投资者情绪相关文献。我们发现，大量的证据表明，人类行为和投资者情绪在资产定价中的确会发挥作用。我们还讨论了这些发现对未来会计研究的启示。

第 4 章研究权益资产估值。如果信息套利者要挑战并规范股票价格，就必须先对公司价值有完整的认识。我们讨论历史会计信息在估值中的作用。以剩余收益模型为框架，我们整合本杰明·格雷厄姆、沃伦·巴菲特和乔尔·格林布拉特这些传奇投资者所采用的投资策略。我们的分析表明，实际上，这些投资者所采用的投资策略与学术界关于股票收益可预测性的最新研究证据不谋而合。

第 5 章研究套利限制。在噪声交易者模型中，股票价格偏离基本面的程度是信息套利者所面临成本的函数，因此减少套利成本会提高定价效率。在本章中，我们详细研究套利成本的主要构成部分，讨论每一个组成部分如何影响对冲基金的投资策略，并探讨套利者面临的成本限制的相关文献。

第 6 章关注研究方法论。在本章中，我们回顾研究设计问题，以期对市场效率相关问题感兴趣的学者有所帮助。具体来说，我们将探讨如何辨别股票价格的可预测性是来自风险补偿还是来自错误定价。以最新的研究成果作为相关解释，我们还进一步展望这一领域未来的研究方向。

总之，本书提出并进一步探讨了对市场有效性更全面的看法。通过这些探讨，我们试图调和学界流行的有效市场理论和业界广泛存在的主动资产管理之间的矛盾。主动资产管理是一个非常重要的行业，它存在的基本前提是搜索尚未被股价反映的信息是有价值的，并且会产生未来超额收益。如果没有一个在均衡状态中能囊括和预期持续存在的错误定价的经济学框架，对于主动资产管理行业展开严谨的学术研究而言就是非常困难的。本书将提供这样一个在均衡状态下，可以容纳和预期持续存在的错误定价的经济学框架。

目 录

第1章 市场的魔力 / 1
1.1 市场的社会价值 / 1
1.2 联合均衡问题 / 4
1.3 市场有效性意味着什么? / 6
1.4 市场有效性的一个形象类比 / 11
1.5 均衡条件下存在错误定价吗? / 12
1.6 有成本的信息套利 / 16
1.7 对市场有效性"近似成立"的辩护 / 17
1.8 小 结 / 22

第2章 噪声交易者模型:能否替代有效市场假说 / 25
2.1 综 述 / 26
2.2 席勒模型 / 29
2.3 金融市场的噪声交易者模型 / 34
2.4 对金融市场研究的启示 / 39
2.5 研究设计 / 43
2.6 小 结 / 46

第3章 噪声交易与投资者情绪 / 49

3.1 投资者情绪与套利成本 / 52

3.2 什么驱动了股票价格？ / 53

3.3 关于投资者情绪的早期研究 / 56

3.4 行为学基础：投资者情绪的来源 / 60

3.5 资本流动与股票收益 / 65

3.6 投资者群体与系统性噪声 / 69

3.7 度量投资者情绪 / 75

3.8 公司层面情绪 / 78

3.9 投资者的心情与情感 / 80

3.10 小　结 / 84

附录　当市场存在噪声下管理层的决策 / 85

第4章 度量公司价值：基本面分析的作用 / 87

4.1 综　述 / 87

4.2 量化投资者——本杰明·格雷厄姆 / 89

4.3 简单的理论模型 / 93

4.4 价值投资的两个要素 / 98

4.5 来自业界的启示 / 99

4.6 学术研究中的实证证据 / 102

4.7 价值投资为何持续有效？ / 111

4.8 小　结 / 119

附录　乔尔·格林布拉特的神奇公式 / 120

目录

第5章 套利成本 / 123
- 5.1 精明投资者眼中的市场 / 127
- 5.2 制定交易策略 / 130
- 5.3 复杂度对错误定价的影响 / 136
- 5.4 策略的执行与实施成本 / 146
- 5.5 筹资和融资限制 / 150
- 5.6 小 结 / 156

第6章 研究方法论：资产收益的可预测性 / 159
- 6.1 对风险因子的暴露 / 160
- 6.2 区分风险补偿和错误定价 / 164
- 6.3 短窗口期收益 / 167
- 6.4 其他非收益率指标 / 169
- 6.5 分期间和分样本 / 170
- 6.6 退市偏差和幸存者偏差 / 172
- 6.7 规模、流动性与策略可行性 / 173
- 6.8 评估经济显著性 / 175
- 6.9 检验统计显著性 / 177
- 6.10 长窗口期收益 / 179
- 6.11 对学术研究的增量贡献 / 181
- 6.12 小 结 / 183

参考文献 / 185

附 注 术语中英对照 / 217

致 谢 / 223

第1章
市场的魔力

在本章，我们将回顾与市场有效性有关的经济学思想的发展历程。① 我们将讨论有效市场假说（efficient market hypothesis，EMH）的含义，以及因过度依赖市场有效性所导致的一些亟待解决的问题。我们将从 Hayek（1945）的研究谈起，回顾市场在自由市场体系中的信息作用。接着，我们将讨论完全有效市场不成立的实例（Grossman and Stiglitz，1980），并为建立一个更全面的、确认市场对于信息传导重要性的研究框架做更深入的探讨。

1.1 市场的社会价值

Hayek（1945）这篇著名论文的研究主题是社会中的知识集聚，该文比较了集权式规划体系与基于分权式决策的市场经济。哈耶克（Hayek）认为，社会经济规划涉及两类知识：一是科学知识，是关于理论或技术的原则和规范；二是特定知识，是关

---

① 其他与我们所讨论的主题类似的文献总结包括 Lee（2001）、Richardson et al.（2010）、Asnessa and Liew（2014）和 Campbell（2014）。

于时间、地点特定情境的知识。由于意识到即使是最好的集权式规划者也不能充分、完全地获取第二类知识，哈耶克认为，资源分配以分权式存在的市场经济比集权式规划更有效。这是因为在理性的经济秩序下，有效的社会规划总是取决于"如何利用那些并非所有人都能充分利用的知识"。

从事后来看，哈耶克的智慧不言而喻。第二次世界大战后，多组国家层面的配对实验均证实了市场规划的力量：朝鲜和韩国、联邦德国和民主德国。在上述每组对比中，保持文化环境和社会基因不变，分权式规划的市场经济总是优于集权式规划的计划经济。这种优势不但体现在个人经济财富（人均 GDP）上，而且几乎体现在社会福利的各个方面，例如教育、机会、营养、医疗保健、平均寿命以及其他人类基本需求等。① 正如自由市场经济的坚定支持者撒切尔夫人所言："资本主义是人道主义的一种。"简言之，市场化运作的确有效，而 20 世纪曾被称作"哈耶克的世纪"（Cassidy，2000）也就不足为奇了。

然而，是什么给予市场经济如此强大的魔力？归根到底是因为分权式决策体系能够更好地配置资源。正如哈耶克观察到的现象，社会规划的核心问题在于如何迅速调整、适应不断变化的环境。这就如同一场信息博弈，而集权式规划者获胜的可能更小，因为只有"身处其境的人"才是资源配置的最佳决策人。②

---

① 想要了解更多的社会进步的衡量标准，可以浏览 www.socialprogressimperative.org。

② 哈耶克认为由于信息博弈，规划必须以分权式方式进行。政府对自由市场的干预只会阻碍经济发展，并且有可能引发政治压迫。在 Hayek（1944）*The Road to Serfdom* 一书中，他发出警告："计划经济有可能带来不可预测且不可避免的消极后果。"

第1章
市场的魔力

价格在其中扮演什么样的角色呢?让我们考虑一下"身处其境的人"作出资源配置决策需要什么信息。他至少需要知道资源的相对稀缺程度——与其决策相关的投入和产出的价值。这些信息能够在价格中得到迅速且简明的反映,因为在自由市场中,定价体系是一个至关重要的知识集聚机制。在某种程度上,市场价格能够有效地反映资源的相对稀缺程度,有助于促进分权式规划。简言之,价格是一个公共品(public good),对于实现分权式决策至关重要。

基于这些自由市场经济学的基本原则,有关市场价格吸收并反映新信息的效率方面的研究,相比于对冲基金经理赚取超额收益所管理的资金规模方面的学术讨论,显得更为重要。如果资产价格驱动分权式决策,分权式决策驱动自由市场体系,那么价格就在自由市场经济中扮演着核心的信息角色。这是因为:这些经济体依赖市场设定价格,相应地,价格决定整个系统的资源配置。

因此,我们从哈耶克的思想中提炼出两条关键的信息:(1)市场在信息集聚过程中扮演的信息性角色具有重要价值;(2)反映产品(和服务)价值的资产价格对自由市场体系的发展具有核心作用。

但是请注意,哈耶克及其所属的奥地利经济学派并不关注市场有效性形成的细节,抑或知识集聚过程何时会失效。这些早期的研究聚焦于当时的核心议题——市场经济是否优于计划经济。他们鲜少研究有关信息获取和信息分析的经济学,以及影响市场有效性程度的因素。这些议题并非他们的主要关注点。

市场是一种知识集聚机制的观点最早是哈耶克提出的,我们现在称之为有效市场假说。在下一节,我们将讨论有效市场假说为何会导致一些不可避免的问题。

1.2 联合均衡问题

一些经济学家认为有效市场假说是"道德高地",错误定价的存在必然暗含着非均衡(非经济)思想。事实上,情况恰恰相反。就均衡思想而言,由于有效市场假说过于简化和幼稚,本身就存在理论上的缺陷,其论据也站不住脚。

关于市场价格有效性的论述,首先必须承认:存在两个有联系但又有所区别的市场。第一个是资产交易市场——人们愿意为各种资产的部分或全部所有权支付一定数额的货币。此外,如果评估资产公允价值的成本过高,第二个市场就得以形成。第二个市场是参与者购买和出售有关资产公允价值的信息。他们花钱"购买"(获取)信息,期望可以通过交易(例如作为投资者)或其他方式(例如作为卖方分析师)"销售"这些信息获利。对于均衡更完整的观察均要求两个市场出清。换句话说,无论是资产市场还是有关资产的信息市场,供给都必须等于需求。

在针对完全有效市场不可能存在的讨论中,格罗斯曼(Grossman)和斯蒂格利茨(Stiglitz)作出如下论断:

> 我们认为因为信息是有成本的,所以价格不会完全反映所有可得信息;否则,那些花费资源去购买信息的人就不会得到任何好处。市场传播信息的效率与获取信息的动机之间存在根本性的冲突(Grossman and Stiglitz, 1980)。

第 1 章
市场的魔力

他们的观点很简明。当获取信息的成本不可忽略时，市场均衡必定存在一定程度的错误定价。如果知情的交易者能够得到足够的补偿，这必然成立。换句话说，在这种联合均衡（两个市场均满足供给等于需求）条件下的市场出清，要求资产价格包含不完全有效的特征。

鉴于两个市场之间存在不可分割的联系，只关注其中一个市场是不恰当的。例如，如果只关注资产市场，我们将会观察到价格异象，而价格异象的根源其实在于信息市场。资产市场中的价格异象只能在对应的信息市场中，结合需求和供给去理解。比如，当获取和利用某一公司的信息成本高昂时，就会存在严重的错误定价。这通常发生在公司业务复杂、会计披露不透明、信息获取成本（利用价值相关信息获利所需付出的成本，比如市场流动性和卖空成本）较高时。①

有效市场假说的核心问题在于，它假设与信息套利相关的成本可以忽略不计或不重要。而事实上，理论和实践证据都表明，金融经济学家应该更多地关注信息获取的成本和动机。社会上的大多数个人可以依靠市场价格作出决策，正是因为社会上的另一些个人并不这么做。尽管大多数（甚至绝大多数）个人假定"价格是正确的"（搭了信息套利者的便车）并不会带来什么问题，但研究市场运作机制的经济学家不应该成为这些人中的一员。

---

① Blocher et al.(2013) 在卖空限制情境下，提供了关于联合均衡问题的绝佳例子；而实证上，Beneish et al.(2015) 则将这一现象与股票市场中九类著名的定价异象相联系。

大多数人可以假定，只要转动汽车钥匙，汽车就会启动，但汽车修理工却不能如此假定。事实上，正是因为汽车有时会发生故障，汽车修理工才有生意可做。同样，对市场的信息作用感兴趣的金融经济学家也必须了解信息在市场中如何发挥作用，以及市场摩擦如何导致价格异象。他们应该掀开表面看本质，这是他们不可推卸的责任。

1.3 市场有效性意味着什么?

进一步精简和提炼，有效市场假说的核心是关于市场价格包含所有可得信息的简单推理。最初的有效市场假说文献严谨地将这一论述限定在一系列特定的可得信息上，比如 Fama (1965，1970，1991)。基于不同的信息集，根据股价对消息、条件而调整的速度和精确度定义不同类型的有效市场（强有效、半强有效和弱有效）。会计领域对有效市场假说的早期应用也表明，价格对新信息的调整速度和精确度是连续的而不是即时的过程，比如 Dyckman and Morse (1986)。

对市场有效性的大多数实证检验关注收益的可预测性。也就是说，如果目前的市场价格包含所有可获得的信息，那么未来股票收益率在很大程度上是不可预测的。或者说，在考虑交易成本后，至少投资者很难基于未来股票收益的预测模型而获利。这一版本的有效市场假说经常被引用，例如在推导资产定价模型的均衡条件时。它多被称为"竞争性有效市场"假说 (Rubinstein，2001) 或"无套利情形"。我们认为一个更有趣的描述是"无免费午餐"假说，即均衡的市场几乎不存在免费的午餐。

第 1 章
市场的魔力

针对"无免费午餐"假说的研究很快面临严重挑战,即Fama (1970,1991) 提出的著名的"联合假说问题"(joint hypothesis problem)。① 为了阐明市场的有效性,我们需要明确市场应该如何反映信息——换句话说,我们需要一个均衡的资产定价模型。例如,资本资产定价模型(CAPM)指出,任何证券的预期收益与且仅与其风险成正比,而与其他因素无关,证券风险可以用预期收益率对市场回报率的敏感程度(贝塔值)予以度量。假设我们发现有证据反驳贝塔对于横截面收益的预测能力,那么一种可能的解释是,有效市场假说仍然成立,而资本资产定价模型在衡量投资者如何确定价格方面并不是一个好的模型。也许价格确实反映了所有信息,但除了市场回报率,还存在其他风险因素,投资者有必要因承担这些风险而获得补偿。另一种可能的解释是,资本资产定价模型很好地衡量了投资者应该如何确定价格,但是由于某种行为错误或偏差,导致投资者错误定价。第三种可能的解释是,有效市场假说和资本资产定价模型都是错误的。想要清晰地分辨这三种可能的解释确实很困难。

有观点认为联合假说问题使得有效市场假说不可能被全然否定(Fama,1970,1991)。但这个问题确实使得研究者不能仅基于收益率的可预测性谈论市场有效性。然而除了收益率可预测性,现在还有多种方法可用于评估关于市场错误定价理论的

---
① Asness and Liew (2014) 从他们自身工作经历(过去是学者,现在是主动基金经理)的角度对法马和席勒的观点进行了深入讨论;Campbell (2014) 则从更加学术的角度评论法马和席勒的观点。

合理性,其中一些涉及检验公司的未来现金流量、营业利润、短期盈余公告收益率、分析师预测修正、退市或遭遇经营困境的概率以及卖空交易行为等辅助证据。其他研究(Daniel and Titman, 1997; Hirshleifer et al., 2012; Ohlson and Bilinski, 2015) 依靠常识性的"合理性"检验区分收益率可预测性到底是错误定价引起的还是一种风险补偿。对于研究者而言非常重要的一点是,我们现在有了一整套全面的"证据"——可以帮助我们区分风险补偿说和错误定价说的方法(这是第6章的主要议题;我们也将在本章1.7.3部分谈到)。①

尽管反驳"无免费午餐"这一假说是困难的,但这个版本的有效市场假说并不是主要问题。资本市场研究随着时间的推移而演变,有效市场假说以一种更强大但更隐蔽的形式在学界流行起来,我们称之为"价格正确"假说。应用于股票市场的这一版本的市场有效性声称,公司股价是对其未来股利折现的最佳预测($P_t = V_t, \forall t$)。这一观点常以下形式表达:

$$P_t = V_t \equiv \sum_{i=1}^{\infty} \frac{E_t(D_{t+i})}{(1+r)^i} \tag{1.1}$$

其中,V_t 是股票在时刻 t 的基本面价值,$E_t(D_{t+i})$ 是基于时刻 t 的可获得信息所预测的第 $t+i$ 期股利,r 是经风险调整的折现率。方程(1.1)断言,时刻 t 的股价 P_t 等于未来股利的期望值 V_t。

随着时间的推移,"价格正确"市场观已经成为许多研究者的一个基本假设。例如,在会计学有关信息含量的文献(包括

---

① 同时可以参阅 Richardson et al.(2010),他们也讨论了基于非价格检验区分收益可预测性的风险补偿说和错误定价说。

第 1 章
市场的魔力

短期事件研究和长期相关性研究）中，价格通常被当作未来股利折现值（公司价值）的代理变量，股票收益率则反映预期股利现值的变动。在大量有关价值相关性的文献（Holthausen and Watts，2001；Barth et al.，2001）中，价格被当作公司价值的标准度量。价格等于预期未来股利折现值的假设在估值研究中更为常用，通常作为论文中的第一个假设（例如，参见 Feltham and Ohlson，1999；Zhang，2000；Dechow et al.，1999）。

在金融学中，尤其当涉及对已实现收益的解释时，这一假设已经成为实证资产定价领域的基石。例如，在 Campbell（1991）和 Vuolteenaho（2002）非常有影响力的研究中，他们基于"股票价格的变动反映了 V_t 的变动"这一假设，对已实现收益进行分解。在价格等于价值的零和归因中，那些不能由现金流解释的部分，必然地归因于折现率。因此，由于对有效市场假说不加批判地应用，大量的资产定价实证研究文献将无法解释的股价波动解读为预期收益随时间变化的证据。①

---

① 一些人可能认为，方程（1.1）的形式过于简单，因为它并没有考虑预期收益率随时间的变动。我们认为这一观点混淆视听。当然，方程（1.1）所基于的事实是，我们能够在事前给出适合某一公司风险水平的资本成本（经风险调整），否则毫无意义。然而，如果不考虑公司的预期收益率如何随时间变动，那么在任意时点，我们都应当能够基于当前可获得信息给出预期收益率的估计。我们认为，任意给定对 r 的合理预测，价格不应当被认为与价值相等。我们将在后面更加具体地讨论这个问题。特别地，在 1.7.2 部分中，我们将给出市场层面股价超额波动的证据。在第 5 章中，我们将研究套利资本的融资限制如何导致预期收益率随时间而变动。最后在第 6 章中，我们将再次讨论预期收益率随时间的变动，以解释横截面上的股票市场异象。

问题在于,"无免费午餐"并不意味着"价格正确"。在席勒关于市场中群体心理学的作用的开创性研究中,他发现:

> 投机性资产的收益率几乎是无法预测的。这一事实是那些否认群体心理学在投机性市场中的作用的人常常使用的观点的基石。这些人认为,由于实际收益率几乎无法被预测,股票的实际价格接近其内在价值,即未来实际股利的最优预测值用固定利率折现所得的现值。有效市场假说的这一论证是经济思想史上最著名的错误之一,原因在于其逻辑错误的直接性、结论的含义与波及的范围(Shiller, 1984)。

稍加思考就可以发现,席勒的观点是显而易见的。如果价格在任何时候都等于价值,那么收益率确实是不可预测的。换句话说,如果价格永远是正确的(A),那么世上就没有免费的午餐(B);然而,反过来却不成立。有可能世上没有免费的午餐,但价格依然偏离基本面价值(即 A 可以推出 B,但 B 却无法推出 A)。① 资本市场研究的重点在于,正是因为收益率难以预测,所以我们不能直接得出价格等于内在价值的结论。正如下面将要讨论的,我们今天在实证资产定价研究中发现的很多问题都是因为没有听从席勒的箴言。但在反思之前,首先让我们回顾有关市场有效性的基本争论。

---

① 考虑一个简单的例子:价格 = 价值 + ε,且 ε 服从随机游走过程或长期的均值回复过程。如果套利者在 ε 回到 0 之前就终止了投资,那么他们将不能从错误定价中获利。

第 1 章
市场的魔力

1.4 市场有效性的一个形象类比

对市场有效性的传统辩护可以归结为对套利机制的绝对信仰①，大多数相信市场有效性的经济学家认为市场有效性是连续套利的必然结果。如果价格没有反映某一特定的、与价值相关的信息，那么将会有强大的经济动机驱使这一信息被发现并基于此进行交易。由于这些套利力量的存在，价格将发生调整并充分反映所有信息。经济体中的个体交易者可能会出现非理性的行为，但我们预期套利力量会使价格保持在价值附近。相信套利机制的有效性是现代金融经济学的基石。

事实上，从套利机制推导出有效市场假说在逻辑上是行不通的。做个类比，我们相信海洋是平坦的，但这仅仅来自我们观察到重力作用于一杯水上。没有人质疑重力的影响以及否认水一直试图维持水平的事实。但是，如果我们想从这个观察结果推断"海洋在无风的夏夜就像蓄水池一样平坦"，这就是不合理的外推。如果海洋是平坦的，我们该如何解释像潮汐和洋流这样的可预测的现象？我们如何解释海浪和冲浪者的存在？更重要的是，如果我们的业务是培训冲浪者，那么没有海浪存

---

① 一些金融学教科书将套利定义为"在两个具有价格差异的市场中同时买入和卖出相同或相似的证券以赚取价差的行为"（比如 Sharpe and Alexander，1990）。这一定义过于狭隘，因为它假设套利是零投入、零风险的。而事实上，几乎一切的套利行为都需要资本投入，并且是有风险的。因此，在本书中我们将套利定义为对信息的交易，这种交易的目的是从资产定价的非有效中获利。在这一定义下，套利要求付出高昂的信息购买成本，并常伴有风险。

在这一理论假设对我们而言合理吗？

一个更加量化和更具描述性的说法是，海洋一直试图变得平坦。实际上，市场价格受到持续的信息流或伪信息（如谣言和影射）的冲击。市场中的个体对这些信号或伪信号作出反应①，但他们并不能精确测量自己所获得的信息在多大程度上已经反映在价格中。随着他们基于自身不完美的信息资源进行交易，价格也不断变动。最终，通过不断试错，信息集聚过程得以完成，价格得以调整并充分揭示特定信息。但到那时，许多新的信息已经出现，造成新的市场波动。结果，海洋陷入无休止的波动，市场价格也处于持续的调整状态。

在这个类比中，市场有效性是一段旅途，而不是终点。因此，对于市场有效与否的讨论并不存在是或否的回答，但严格地说，答案永远是否。价格发现是一个持续的过程，证券的现时价格最好被视为基本面价值和噪声的混合。在这种情况下，研究重心应放在推导基本面价值的度量和了解市场价格发现的动态过程，应更多地关注价格如何、何时、为何依据信息作出调整（或调整失败），而不是假设市场有效。

1.5 均衡条件下存在错误定价吗？

上述类比的合理性取决于错误定价是否持续存在。错误定价在均衡条件下可能存在吗？答案是肯定的。事实上，这是不证自明的，套利机会的存在离不开一定量的错误定价。正是由

---

① 伪信号显现出信息的假象，但不具备信息的本质。Black（1986）指出，基于伪信号的交易是噪声交易的一种来源。

第 1 章
市场的魔力

于错误定价导致的价差，才有套利者的存在。因此在均衡条件下，错误定价和套利要么同时存在，要么同时不存在。如果在某种神秘力量的作用下，价格总是迅速地调整至内在价值，那么市场中将不存在套利者。因此，如果我们相信套利在均衡条件下是存在的，那么就必须相信一定量的错误定价在均衡条件下也是存在的。

以 Hayek（1945）的方式表述上面的讨论可能会对我们有所帮助。他研究了市场从异质性的知情交易者那里集聚信息的重要作用，但并未关注获取信息和套利的动机。我们认为，为了使 Hayek（1945）提到的价格发现过程能够有效地运行，在均衡条件下，必须给予信息获取者充分的激励。实际上，价格的可靠性正是因为错误定价在一定程度内存在，才能确保套利者持续发挥作用。由于持续的套利取决于可获利机会的持续存在，因此自由的、充分竞争的市场在某种程度上几乎必然是无效的。这就是我们为市场机制给予的好处所付出的代价。①

许多研究者认为噪声交易者或幼稚投资者（noise trader/naïve investor）在竞争性市场上不可能存在。② 对我们来说，能够证明噪声交易者长期存在的最好证据就是专业的主动套利者的持续存在。参与狂野非洲之旅的生态学家看到了大群狮子。由于掠食者数量庞大，他们推断，这里必然有充足的羚羊、斑马和其他猎物可供狮子猎食。类似地，我们今天观察到的大量的套利行为强有力地证明了市场非有效的持续存在。我们不

---

① Shleifer（2000）给出了这样的观点，并充分讨论了有效市场假说的来源。
② 原文可参阅 Friedman（1953）。DeLong et al.（1990a）对均衡条件下噪声交易者的存在给出了支持性观点。

能既相信狮子的存在，同时又否认对狮子的生存至关重要的猎物的存在。

有些人认为，主动基金经理（即主动资产管理者）仅仅是聪明的交易者，他们在促进市场有效性的过程中并没有发挥作用（比如 Rubinstein，2001）。然而，如果是这样，我们就很难解释为何会有数十亿美元的资金年复一年地花费在这种徒劳无用的资产管理上。指数基金不是一个新的点子，为什么投资资金流向这些基金需要付出这么长的时间呢？能够解释噪声交易者为何消失的理论，也能够解释主动基金经理的消失，但两者似乎同样令人费解。要么我们的金融市场每年都需要持续地被纠正和调整，调整规模高达数十亿美元，要么我们的投资人才市场已经低效到荒谬的程度。

扣除管理费之后，主动基金经理很难跑赢业绩基准这一事实，通常被当作金融市场有效的证据。但是，这一证据似乎不太站得住脚。主动基金经理的平均绩效揭示的更多的是关于劳动力市场的有效性，而不是金融市场的有效性。如果扣除管理费后，主动基金经理仍然持续地跑输（跑赢）业绩基准，那么资本将流向被动（主动）投资工具。在均衡条件下，所收取的管理费应等于他们经由套利活动所纠正的错误定价的水平。因此，我们预期主动基金经理扣除管理费后的绩效应当大致等于业绩基准。

主动资产管理的市场有多大？答案并不是显而易见的，我们需要通过多个渠道进行估计，而且这取决于市场价格的波动。据合理估计，截至 2012 年年底，专业资管资产（assets under management，AUM）规模总计为 90 万亿美元左右。① 尽管并非全部专业资管资产都是主动管理型的，但多方信息显示，大多数（至少70%）是由主动基金经理管理的。② 假设主动基金管理费固定为 1%（不包括业绩提成），那么保守估计第一级的信息套利成本每年超过 6 000 亿美元。这仅仅是付给主动基金经理的管理费，而这些基金经理是大型金融生态系统的一部分，这一生态系统还包括其他各种各样的金融中介机构（如经纪商、卖方分析师、财务顾问、分析软件提供商和交易平台）和数据供应商（如 Bloomberg、Thompson-Reuters、Factset 和 S&P Capital IQ）。显然，信息套利是笔大生意。不管你对市场有效性有何看法，有一件事是肯定的——我们目前所建立的市场有效性是昂贵的价格发现机制的结果。

要理解这样大规模的主动资产管理行业如何生存和运行是很困难的，平均而言，这些主动基金经理所纠正的错误定价量处于同一个数量级。即使我们支付给部分主动基金经理的薪酬过多，也不能说所有的支出都是没有成效的。如果相当一部分的主动基金经理值得被雇用（扣除管理费后刚好达到或跑赢业

---

① 对专业资管资产规模的估计因来源不同而有所差异。波士顿咨询集团的一项研究（Shub et al., 2013）表明，截至 2012 年年底，传统公开交易的专业资管资产（养老金基金、保险基金和共同基金）规模约为 62.4 万亿美元。CityUK 基金管理报告（Hines, 2012）使用广义的专业资管资产定义，估计在 2012 年年末，传统的专业资管资产规模为 85.2 万亿美元；这一报告同时提供对其他资产（由主权财富基金、对冲基金、私募股权基金、ETF 和富有的个人或家族管理）规模的估计。两者相加，CityUK 基金管理报告估计全球基金管理的资产规模共计约 120 万亿美元。

② 例如，Hines 的报告详细分解了英国各个行业主动管理型和被动管理型资产的数据。

绩基准），他们的持续存在就意味着均衡套利成本是巨大的。我们可能会对价格调整信息的速度和准确性存在争议，但我们不能忘记为实现这一目标所付出的代价。

1.6 有成本的信息套利

一旦将信息套利看作一种技术，我们的焦点便从宏观视角的市场均衡转移到了微观视角，即我们如何及何时可以识别错误定价、怎样利用错误定价获利。近年来，一种饱受争议的新技术"液压破碎法"彻底改变了能源产业。通过以超低成本将页岩层中的天然气提取出来，液压破碎法改变了全球能源生产。正如能源生产一样，主动资产管理也需要技术的参与，而所有技术都需要进行持续的改进。因此，只有当我们愿意仔细检验并不断挑战当前赚取超额收益（alpha）的策略时，才能对市场有效性有一个恰当的理解。这就是对存在一定成本的信息套利的研究。

会计学者可以发掘低成本的市场套利方法，从而对这一过程作出贡献。例如，我们的研究可能会发现更好的技术以识别套利机会，从而使价格能够更快地、无偏地吸收信息。我们的工作可能也有助于以更低的成本进行相同水平的套利。在上述情况下，我们提高了套利机制的成本—效益，从而提高了金融市场的有效性。

我们的观点是：为了提高信息有效性，我们并不需要在扣除主动基金管理费前跑赢市场，可以通过减少套利成本来推动这一过程。会计学的许多学术研究成果已经对专业套利者的交易行为产生重大影响。① 市场价格或许会因这类研究而得以更迅速且无偏地进行调整。即使这类研究并没有导致价格更有效，也必然降低了套利者的搜索成本。② 在这个意义上，会计学研究直接促成了金融市场的配置有效性。

我们的教育事业也以一种相对没那么直接的方式推动市场变得更加有效。通过课堂讲授和学习，我们为市场提供了一群更精明的投资者。当市场参与者平均来讲变得更加精明时，价格也将变得更有效。传统上，我们脑海里的观念是价格是由神秘的"边际投资者"设定的。我们不知道这个边际投资者到底是谁，但假定她相当精明。尽管关于噪声交易的证据（第2章和第3章讨论）表明，不那么精明的投资者在其占主导的细分市场上也能够影响收益率，但如果我们把价格视为投资者观点按投资额加权而得的一致结果，那么投资者整体精明程度的提高将会使市场更加有效。

1.7 对市场有效性"近似成立"的辩护

一个常见的观点是，即使市场有效假说不是严格正确的，

---

① 例如 Bernard and Thomas（1990）、Sloan（1996）、Frankel and Lee（1998）、Richardson et al.（2005）和 Piotroski（2004），这些研究都为量化基金所分析和使用，并且似乎真正地反映在卖空者的交易行为中——一类极为精明的投资者行为（Drake et al., 2011）。关于近期的会计学市场异象研究，可参阅 Richardson et al.（2010）。

② 这类学术研究有用的证据是，现今对冲基金常常收到卖方机构的月度报告，这些报告撰写者会阅读和筛选大量的学术文献，并总结其中能够被投资界应用的主要研究成果。某报告提供商声称其机构研究者每个月将会阅读和筛选超过500篇文献（DBEQS Global, 2014）。

它也足以作为研究的出发点，这被称为对市场有效性"近似成立"（as if）的辩护。就像牛顿物理学一样，它已经完全足够我们日常使用。不幸的是，在这个传统框架内，它与我们已经了解的价格和收益率的表现越来越难以统一。在本节中，我们将讨论假设价格等于价值所带来的主要的实际问题。

1.7.1 交易量

一个直接的问题是交易量。如果我们假定价格完全反映了关于未来股利的所有信息（也就是说，均衡条件下的价格充分揭示了信息），有关理性预期的研究文献表明，个股层面上应当没有任何交易（比如 Grossman and Stiglitz, 1980）。Black 的研究表明：

> 一个对某家公司有内部信息或独特看法的人想要交易，但他将会意识到，交易对手只可能是另一个有信息或有见解的人，并且这个人与他自己的看法相反。在考虑了对方拥有的信息之后，这只个股是否还值得交易呢？站在一个同时拥有双方信息的人的角度看，某一交易方一定判断失误。如果失误的一方拒绝交易，那么基于信息的交易将无法进行。换句话说，我不相信在无噪声交易的条件下能够建立一个信息交易模型（Black, 1986）。

一般来说，纽交所（NYSE）、纳斯克达（Nasdaq）和纽交所 MKT 板块（NYSE MKT，前身为 AMEX）的日交易额达数十亿美元，其中绝大部分是个股交易。对个股巨大的交易需求是对传统理论的一种挑战,因为在传统理论下,价格完全反映了未来股利的信息。

1.7.2 波动性

如果交易量很难解释,波动性就更成问题了。① 在经典理论框架中,不含未来基本面信息的事件是不可能影响价格的。然而,实证数据表明,公司基本面的信息只能解释股票收益率波动性中的一部分(比如 Roll, 1988; Cutler et al., 1989; Chen et al., 2013; 关于具体的事件性证据,可参考 1987 年 10 月的崩盘或网络股的日波动性)。Cutler et al.(1989) 的研究表明,过去、现在和未来的宏观经济变量(如生产创新、消费和利率)合起来能解释的股票收益率的年波动性不到 50%。许多试图运用会计基本面变量解释股票收益率的横截面研究也传递了类似的信息(比如 Easton et al., 1992; Richardson et al., 2012)。② 纵观这类文献,我们发现股票价格的变动似乎与基本面信息没有太大的关联。

---

① 应用方差边界检验,Shiller(1981a, 1981b)证明了股票价格过度波动性,并推断这一观点是正确的。这一研究引发了激烈的争论,学术界开始探讨在股利和股价都高度稳定地服从单位根过程时,是否需要修正方差的计算(Kleidon, 1986; Marsh and Merton, 1986; Campbell and Shiller, 1987, 1988a, 1988b)。其中,Campbell and Shiller(1987)检验了股利折现模型的一种形式,并对单位根情形下的方差进行了修正,从而又一次证明了过度波动性。Campbell(2014)详细讨论了这一问题,感兴趣的读者可以参阅。

② 在 Easton et al.(1992)的研究中,基本面会计变量分别能解释横截面收益两年波动率的 15% 和一年波动率的 5%。即使将研究区间放宽到十年,股票收益率和会计度量指标之间的调整 R^2 也仅为 62%。在更近期的研究中,Richardson et al. (2012)引入公司预期收益率和前瞻性的基本面信息(分析师盈余预测)两类指标,并发现这些变量结合起来对股票年化收益率波动性的解释力不到 40%。

由于这类证据的数量庞大，我们理应以更广阔的视野看资产定价，并承认其他因素影响价格和收益率产生的可能性。

1.7.3　收益可预测性

在有效市场框架内，关于股票收益可预测性的证据越来越难以被合理地解释。① 给定投资者是风险厌恶的，那么所有对潜在交易策略的检验都是对资产定价模型的联合检验。如果这个资产定价模型是错误的，那么超额收益就可能是对另一个未知风险因子的某种形式的风险补偿。然而，随着越来越多的市场异象及其衍生证据被发掘出来，基于风险补偿的解释变得越来越难以让人信服。

特别令人信服的证据表明，财务状况更好和更安全（利用多个风险或基本面因子指标度量）的公司往往能够获得更高的未来收益。β 值、波动性、破产风险和杠杆率较低但盈利能力和成长性较高的公司，能够获得更高的收益率（比如 Dichev, 1998; Piotroski, 2000; Lakonishok et al., 1994; Asness et al., 2013）。基于风险补偿理论，高收益率意味着公司风险较大，但这个结论有悖现实，因为这些公司的未来经营和收益特征都显示其风险相对较小。我们将在第 4 章和第 6 章详细讨论这些证据。

还有研究表明，很大一部分超额收益率是在盈余公告日后的几天内实现的这一结论也很难用风险补偿理论解释②，因为

---

① 过去的调查研究提供了大量的证据，比如 Fama（1991）、Shleifer（2000）、Kothari（2001）和 Richardson et al.（2010）。

② 在利用这种方法辨别风险补偿说和错误定价说的研究中，Bernard and Thomas（1990）的研究或许是最早且最负盛名的。Richardson et al.（2010）则进行了更深入的讨论。

资产定价模型不能预测短期价格波动。最后，所谓的动量研究发现在各种各样的公司信息（包括未预期盈余、分红、拆股等）披露后会发生股价漂移，这些现象也与风险补偿解释的推论不一致。① 这些事件能预测未来盈余异常这一事实及分析师盈余修正方向都表明，它们与市场对盈余的误判相关，而不是与风险相关（比如，La Porta，1996；Chan et al.，1996；Richardson et al.，2010）。

值得注意的是，随着时间的推移，这类文献中的证据正在不断演变。起初，大量的研究聚焦于记录明显的市场异象（比如 DeBondt and Thaler，1985，1987）。而最近的研究则聚焦于解释这些异象并检验各种行为模型（比如 Arif and Lee，2015），有时还会采用实验方法（Libby et al.，2002）。我们认为，今后这类研究将不仅是发掘新的市场异象，还会试图解释这些异象。此类研究仍处于早期发展阶段，但现有研究足以表明，仅依靠风险补偿解释是不够的。

1.7.4 资本成本

对有效市场假说最根本的挑战之一是资本成本悖论。历史上，在对资产定价模型的检验中，研究者通常使用已实现收益率的均值作为预期收益率的代理变量。这种做法基于的假设是，市场价格在大样本中是无偏的。然而即使是这种弱式有效市场假说在最近也几经质疑。正如 Elton（1999）在美国金融协会的

---

① Ikenberry and Ramnath（2002）总结了事件后股价漂移的相关证据。Asness and Liew（2014）则对价值和动量策略进行了深入讨论，并从金融从业者的角度对有效市场假说发表了观点。

主席致词中所说,"平均来看,股票市场已实现收益率低于无风险收益率的时间持续了超过 10 年（1973—1984 年）,而有风险的长期债券利率低于无风险利率的时间则持续了超过 50 年（1927—1981 年）"。

换句话说,即使取几十年的平均值,已实现收益率都不是期望收益率合适的代理变量。风险溢价的变动和一定条件下的资产定价理论虽然可以解释一部分的时间序列波动,但不能解释为何风险资产收益率持续低于无风险利率。事实上,越来越多的学者认为使用已实现收益率作为期望收益率的代理变量不合适,这已经成为学术界开发估值技术以估计预期收益率的主要推动因素（比如 Claus and Thomas, 2000; Gebhardt et al., 2001; Fama and French, 2002）。再次重申,我们认为,"价格等于价值"这一假设太过理想化,不能应用于投资实践。

1.8 小　结

本章提出的第一个要点在于,作为学术研究者,我们应该将基本面（内在）价值和当前市场价格视作两个完全不同的度量指标。这是因为方程（1.1）所描述的市场有效性太过简化以致产生了很多问题,而这些问题又太过普遍以致我们无法忽略。事实上,我们认为将价格从价值中分离出来是金融经济学实践中至关重要的一步,有助于理解一些困扰我们已久的现象,例如巨额交易量、超额收益波动性、收益可预测性、资本成本悖论以及主动资产管理行业的持续存在。

第 1 章
市场的魔力

在信息集聚过程的每个节点，价格受制于价值，但又不严格等于价值。事实上，正是错误定价的存在，才不断地激励市场参与者去发掘关于公司价值的信息。这是一个极为重要的观点，它有助于我们理解那些在资本市场领域不断钻研的学者们所做的工作。我们将这一观点视作重要的"分水岭"，它架起了学者与资产管理者之间相互合作的桥梁。

本章提出的第二个要点在于，我们应该把研究重心放在信息市场上，而不是只关注资产市场。主动资产管理行业规模之大，有力地表明了信息市场的重要性和复杂性。我们认为，对信息市场的关注度至少应等同于对资本市场的关注度。经济学动机、行为偏差和其他信息市场摩擦是更好地理解资产定价问题的关键。简言之，信息套利是一个有成本且复杂的过程，要求学术界更多地予以关注。这也是本书不断重申的主题。

第 2 章
噪声交易者模型：能否替代有效市场假说

本章研究 Shiller（1984）的简单噪声交易者模型（noise trader model，NTM），讨论噪声交易者在市场动态和资产定价中发挥的作用。[①] 从许多方面来说，噪声交易者模型是随后出现的更加复杂的行为学模型的早期原型。席勒自己也承认噪声交易者模型"毫无疑问是过于简化和受限的"，但正如我们下面将要展示的，噪声交易者模型的核心概念框架时至今日仍然经得起检验，而且在行为金融学领域一直保持着旺盛的生命力。事实上，这个模型所包含的观点准确预言了随后几十年行为金融学领域的核心研究主题。

我们认为在理解市场定价的动态过程方面，噪声交易者模型是有效市场假说一个很重要的替代。噪声交易者模型特别有魅力的一点在于，它通过显性地引入有成本的信息套利（尽管席勒并没有使用这个术语），巧妙地将三个关键因素融入证券

[①] 简言之，噪声交易是指并非基于对预期未来现金流折现值的最优估计而产生的资产净需求。我们将在本章更详细地讨论这一术语。

价格的形成过程,即基本面、投资者情绪和套利成本。在噪声交易者模型中,由于套利活动是有一定成本的,因此错误定价成为一种均衡现象。也就是说,市场价格与基本面相关,但并不仅仅由基本面决定。

对我们来说,相比有效市场假说,噪声交易者理论(尤其是席勒的框架)更适合作为财务报表分析和证券估值相关课程的起点。与有效市场假说过于简化的形式不同,噪声交易者模型考虑了获取信息所需的成本,从而预期部分投资者愿意花费资源以求更好地理解公司基本面。该模型同时指出,噪声交易者的活动给市场中的所有投资者带来了额外的风险,提高了均衡状态下所有人的资本成本。

如果投资者想要在市场中进行基本面分析和信息套利,获取信息的成本和噪声交易者带来的风险就构成了这个市场的重要特征。相反,如果市场有效且获取信息的成本可以忽略,我们就很难理解为什么信息收集和信息分析值得花费那么大的成本。总之,相比有效市场假说,噪声交易者模型刻画的市场似乎与现实更为接近。

在介绍席勒噪声交易者模型最为重要的两个特征之后,我们将讨论对于会计学和金融学中基于市场的研究,该模型给出了怎样的启示。随后,我们将噪声交易者模型作为一个基本的组织框架,简要地回顾行为金融学相关研究在 Shiller(1984)后的发展历程。

2.1 综 述

在 Rubinstein(2001)针对市场有效性的激烈辩护中,他引

第 2 章
噪声交易者模型：能否替代有效市场假说

用了被称作金融经济学家最高指导原则的论断：

> 研究者应当尽一切可能地使用理性模型去解释资产价格，只有当走投无路时，他们才能诉诸非理性的投资者行为。

鲁宾斯坦（Rubinstein）批判"如今迅速发展的行为学研究……已经完全摒弃了这个最高指导原则。一旦有什么或真或假的市场异象被提出来，行为金融学家总会找到一种基于系统非理性投资者行为的解释"。这是常见的对行为金融学阵营的批判，但这是有失偏颇的，因为如今的行为学模型并没有违反上述最高指导原则。

噪声交易者和套利限制的存在是如今大多数行为金融学模型的典型特征。我们称其为"理性行为学模型"，因为它们考虑了有显性成本约束的理性套利活动。[①] 这类模型包含了一组投资者（精明投资者），他们能够对公司价值作出合理预估。然而这群理性投资者要面临一系列的成本约束，并且还要应对噪声交易带来的影响。Shiller（1984）模型是最早试图刻画市场定价的动态过程的例子之一。

---

① 目前有大量的理论文献从行为学角度研究资产定价，例如 Barberis et al.（1998）、Hong and Stein（1999）、Daniel et al.（1998，2001）、Barberis and Huang（2008）、Barberis et al.（2001）、Barberis and Shleifer（2003）、Eyster et al.（2013）和 Barberis et al.（2015）；早期研究包括 Shiller（1984）和 DeLong et al.（1990a，1990b）；综述类文献可参阅 Barberis and Thaler（2002）、Hirshleifer（2001）、Baker and Wurgler（2007）和 Barberis（2013）。这些模型的特征都包括噪声交易者和套利限制。

谁是噪声交易者？

理性行为模型的一个重要特征就是引入了噪声交易者。费希尔·布莱克（Fischer Black）在美国金融协会的主席致词中，对噪声交易者作出如下定义：

> 噪声交易是指把噪声当作信息并基于此而进行的交易。客观而言，利用噪声决策的人们不交易反而更有利，但仍愿意根据噪声交易，可能他们误将噪声当成了真正有用的信息，或者也可能他们只是喜欢交易（Black，1986）。

简言之，只要我们根据某一信号采取行动，而该信号事实上与价值无关，我们就是噪声交易者。在这一定义下，噪声交易者的存在既显而易见又很正常。仅仅出于直觉，我们就会知道噪声交易者是存在的。在源源不断的信息输入下，不可能所有的投资者总是立刻就能对交易信号的正确度给出准确判断。在这样的背景下，对于任一笔交易，精明投资者即使在事前作出了理性的交易决策，事后看来仍然有可能会亏损。即使投资者大多数时候能作出正确的投资决策，仍常常卷入噪声交易。因此，噪声交易者的存在并不违背前面所说的最高指导原则，而是价格发现机制的一个必要成分。

Black（1986）指出，噪声交易是传统模型中"被遗漏的要素"。噪声交易不但有助于解释我们每天所观察到的巨大交易量，而且是实际收益率波动的一大成因，还能够解释套利机会为何持续存在。最后，与有成本的套利活动这一特征相呼应，

第 2 章
噪声交易者模型：能否替代有效市场假说

噪声交易的存在有助于解释为什么在一段时间内，价格会持续地偏离基本面价值。

2.2 席勒模型

在标准的理性预期均衡下，从 t 时刻到 $t+1$ 时刻，股票实际收益率（经通货膨胀调整的收益率）定义为：$R_t = (P_{t+1} - P_t + D_t)/P_t$，其中 P_t 为 t 时刻的每股实际价格，D_t 为期间支付的实际股利。在这种情形下，假设未来收益率是不可预测的，我们可以进一步将这只股票在区间 t 内的预期收益表示为一个常数，$E_t[R_t] = \delta$，其中 $E_t[\cdot]$ 表示基于 t 时刻所有公开可得信息的数学期望值。如果关于终端条件稳定性的一些弱假设成立的话，我们就可以推导出①：

$$P_t = \sum_{k=0}^{\infty} \frac{E_t[D_{t+k}]}{(1+\delta)^{k+1}} \quad (2.1)$$

这显然是我们熟悉的表达式，即考虑 t 时刻公开可得的所有信息后，实际价格等于预期未来股利折现值之和。

席勒给出的模型尽管和上述模型的出发点类似，但引入了两类投资者的存在：精明投资者和噪声交易者（席勒也称之为普通投资者）。精明投资者基于基本面信息进行交易，但其交

---

① 为了解出方程 (2.1)，注意到 $P_t = b E_t[D_t] + b E_t[P_{t+1}]$，其中 $b = 1/(1+\delta)$。给定 $E_t[E_{t+k}] = E_t$，$\forall k > 0$，我们可以代入 P_{t+1} 并解出 $P_t = b^2 E_t[D_{t+1}] + b^2 E_t[P_{t+2}] + b E_t[D_t]$。依次进行迭代，不断地用等式右边的值代入价格 P，即可解出方程 (2.1)。所需的终值假设为 $b^n E_t[P_{t+n}] \to 0$ $(n \to \infty)$，更多的细节可参阅 Shiller (1984)。

易行为同时受到资金的限制,这意味着他们不能像传统资产定价模型所假设的那样,随心所欲地持续拥有无限的资金来源。精明投资者能够快速、准确地对有关基本面价值的信息作出反应,并根据方程(2.1)计算股价。相反,噪声交易者是指那些没有依据基本面信息作出最优交易决策的人。

这两类投资者的需求可以用符号表达如下:

噪声交易者(普通投资者)

噪声交易者的需求随时间变化,但不是基于对预期收益的最优估计而作出的。若将他们要求的每股价值记为 Y_t,则总需求价值即 $Y_t \times S_t$,其中 S_t 为总流通股股数。

信息交易者(精明投资者)

精明投资者在 t 时刻对股票的需求可以表示为总流通股股数的一部分,记为 $Q_t = (E_t[R_t] - \rho)/\phi$,其中 R_t 为 t 时刻股票的实际收益率,ρ 为使精明投资者净需求量为 0 的预期实际收益率,ϕ 为促使精明投资者持有所有流通股的预期收益率。因此,如果 t 时刻预期收益率 $E_t[R_t] = \rho + \phi$,那么精明投资者会愿意持有所有的流通股,即 $Q_t = 1$。这一等式意味着 ϕ 可以被认为是为了使精明投资者愿意持有全部股票而要求的最低预期收益溢价。因此,精明投资者总需求的价值等于 $Q_t \times S_t \times P_t$。

在均衡条件下,当需求等于供给时市场出清。这时市场价格 P_t 能够使精明投资者需求和噪声交易者需求的总价值等于流通股总价值:$Q_t \times S_t \times P_t + Y_t \times S_t = S_t \times P_t$,即 $Q_t + (Y_t/P_t) = 1$。利用与方程(2.1)相同的递归方法,我们可以从上述理性预期均衡中求解出市场出清价格:

第 2 章
噪声交易者模型：能否替代有效市场假说

$$P_t = \sum_{k=0}^{\infty} \frac{E_t[D_{t+k}] + \phi E_t[Y_{t+k}]}{(1+\rho+\phi)^{k+1}} \quad (2.2)$$

方程（2.2）表达的是，市场价格是在 $(1+\rho+\phi)$ 的折现率下，预期未来股利 $E_t[D_{t+k}]$ 与 ϕ 乘以预期噪声交易者未来需求量 $E_t[Y_{t+k}]$ 二者之和的折现值。换言之，P_t 由公司基本面价值（未来股利）和一个更加难以捉摸的因素（噪声交易者未来需求）共同决定。

上述两个因素的相对重要性由 ϕ 决定。上面已经提到 ϕ 是使精明投资者愿意持有全部股票的最低预期收益溢价，其实 ϕ 也可以被大概理解为套利成本的一种度量，因为 ϕ 越小，精明投资者纠正预期错误定价（$E_t[R_t] - \rho$）的交易需求就越多。

当 ϕ 趋近于 0 时就出现一种特殊的情形，方程（2.2）中的市场价格变成了预期股利的函数，这与有效市场模型［方程（2.1）］一致。换句话说，当市场中套利成本很低时，市场价格与有效市场假说预期的更加接近。然而，随着 ϕ 不断增大，噪声交易者的相对重要性也在提高。在极端情形下，即 ϕ 趋近于无穷大时，市场价格将仅由噪声交易者的需求决定，而基本面估值在定价方面发挥的作用变得微不足道。因此在噪声交易者模型中，有效市场假说仅仅是套利成本接近于 0 时的一种特殊情形。

什么因素会影响套利成本 ϕ 呢？席勒模型没有回答这一问题，但我们可以合理地猜测，那些能够刻画主动投资者在从事信息套利活动时所面临的成本和风险的经验性指标可以反映套利成本的精髓。显然，精明投资者的个体特质起着重要作用，例如他们的风险厌恶程度和财富或融资约束等。一般来说，主动基金经理面临的套利成本包括以下几类：(1) 交易成本，与建仓、平仓相关的成本，包括经纪人佣金、价格滑点、买卖价差等；(2) 持有成本，与维持头寸相关的成本，受到诸如套利头寸的持有时间和卖空成本等因素的影响；(3) 信息成本，与获取、分析和监控信息相关的成本。①

上述模型预测，套利成本低的市场会呈现价格接近基本面价值的情形。例如，在交易成本和信息成本相对较低的股指期货、封闭式基金和交易型开放式指数基金（ETF）市场中，估值相对比较简单、交易成本极低，且交易资产往往有类似的替代品。正如预期的那样，这些资产的价格与基本面价值紧密相关。②

然而，在其他市场中，套利成本 ϕ 可能很大，上述模型预测，在这样的市场中股价主要由噪声交易者决定。例如，许多新兴经济体资本市场中基本面投资者相对少、市场流动性不充裕，由此套利成本比较高。即使在美国市场，市值低、关注度低、交易量小的股票，以及难以估值的成长股，都可能会有更高的套利成本。噪声交易者模型预测，在这些市场中，证券价格波动更大，并且价格与基本面价值的关联较弱。③

噪声交易者模型表达的主要观点是：市场价格是噪声交易者和理性套利者在成本约束下相互作用的结果。一旦我们引入

---

① Shleifer and Vishny (1997) 建立了套利限制的模型，我们将在第 5 章讨论这一议题。

② 即便如此，封闭式基金折价率的证据仍表明 Y_t 存在，且是均值回复的（参见 Lee et al., 1991）。

③ Baker and Wurgler (2006) 的后续研究对席勒模型的这一预测提供了有力支持。特别地，Baker and Wurgler (2006) 显示，在横截面数据中，公司对市场情绪的敏感度（市场情绪的贝塔值）实际上是套利成本（用特质波动率衡量）的函数。

第2章
噪声交易者模型:能否替代有效市场假说

噪声交易者和有成本的套利,价格就不再只是未来预期股利的函数。除非套利成本为0,否则 P_t 通常不等于 V_t。错误定价的程度取决于噪声交易者的需求和套利成本。更为一般地,当套利成本不等于0时,我们可以认为错误定价是一种均衡现象。

另一个重要的结论是,收益不可预测性("没有免费的午餐"版本的有效市场假说)并不能保证价格等于价值("价格总是正确的"版本的有效市场假说)。而问题恰恰在于,当人们提及有效市场假说时,常常指的是后面的这个版本。人们常常将收益不可预测性作为证据来支持价格等于预期股利的折现值这一观点。然而,噪声交易者模型揭示了用上述方法检验市场有效性的概念性错误:在噪声交易者模型中,收益率可能是不可预测的,但股价仍然可以大幅偏离基本面价值。①

最后,噪声交易者模型还强调了基本面分析和证券分析的区别。基本面分析指的是在不考虑市场条件的情况下分析公司价值,然而当精明投资者真正进行选股和拟定策略时,他们不仅要考虑基本面价值,还要考虑噪声交易者的行为。除了基本面(fundamentals),精明投资者还应考虑市场趋势(fashions and fads)。此外,Y_t 随时间的变化趋势也很重要。如果噪声交易者的需求 Y_t 是随机的,那么 P_t 依然是对 V_t 的最优估计;但如果 Y_t 满足均值回复,那么基本面分析就可以创造价值。我们将在第3章对这个问题展开讨论。

---

① 例如,如果套利是有成本的($\phi > 0$),且噪声交易者需求(Y_t)服从随机游走过程,那么分子中的第二项将会很大,而股票收益率却是不可预测的。更一般地,如果 Y_t 在长期内是均值回复的,那么即使当前错误定价极为严重,投资时长有限的理性投资者仍然难以利用错误定价获利。

2.3 金融市场的噪声交易者模型

自席勒提出噪声交易者模型已经过去三十多年，在这期间，行为金融学作为经济学的一个分支一直在蓬勃发展。有趣的是，这一模型的关键特征却历久弥新，成为后续很多研究重要的结构框架。

如今，针对"金融市场的噪声交易者模型"（Shleifer and Summers，1990）的研究从三个方面持续展开：（1）投资者情绪或非基本面驱动的价格压力；（2）公司基本面或证券估值；（3）套利约束。我们将在第3—5章逐一对上述三个方面进行更详细的分析：第3章为投资者情绪，第4章为证券估值，第5章为套利约束。在本章，我们将简要概述这三个领域的研究。

2.3.1 投资者情绪

投资者情绪可以宽泛地定义为不因现存的基本面信息而产生的乐观或悲观情绪。席勒设想有些投资者会对信息反应过度或反应不足，或者容易为市场潮流所影响；同时，他的很多原创文章致力于讨论作为一种社会现象而存在的噪声交易。然而，因为噪声的来源是外生的，所以在噪声交易者模型中可以被认定为投资者情绪的情形实际上是相当宽泛的，包括那些基于流动性或消费而交易的人的行为。投资者情绪的一个显著特征是反映了投资者由非基本面信息驱动的系统性需求，由此产生的价格压力将导致价格偏离基本面价值。①

随后的实证研究采用多个指标度量市场层面的投资者情绪，例如封闭式基金折价率（Lee et al., 1991）、公司股权债务发行占比（Baker and Wurgler, 2000）、消费者信心指数（Lemmon and Portniaguina, 2006）、同一母公司旗下股票和债券基金之间的月资金流动（Ben-Rephael et al., 2012）、自下而上的公司总投资额指标（Arif and Lee, 2015）、综合情绪指数（Baker and Wurgler, 2006; Baker et al., 2012）等。Baker and Wurgler（2007）提供了一个较好的综述。

尽管投资者情绪常常被视作全市场层面的现象，但脱离基本面的价格压力也与个股、行业（如电商或生物科技）、地域、投资"风格"（如价值股/成长股、低波动性/高波动性）之间的相对定价有关。当某些公司、行业、地域或投资风格变得"流行"时，资金就会大量流入导致价格上升，收益随后将会反转（Barberis and Shleifer, 2003）。

一类十分有趣的研究关注共同基金的资金净流入情况。共同基金的投资客户几乎都是散户，同时基金经理的买入/卖出决策在很大程度上受到资金流入/流出情况的影响。大量研究表明，共同基金"资金流动引发交易"的行为使得其持有股票的未来收益率能够被预测（比如Coval and Stafford, 2007; Frazzini and Lamont, 2008; Lou, 2012），这与散户投资者情绪的行为学解释是一致的。我们确实有充足的证据表明，平均来看共同

---

① 除非投资者间的噪声交易是正相关的或系统性的，否则它将不会影响价格。而经纪商个人账户的交易数据表明，噪声交易确实是系统性的（比如Kumar and Lee, 2006）。

基金的交易会导致价格更加不稳定（Puckett and Yan, 2013; Arif et al., 2015）。另外，一些研究发现，投资者情绪（用散户资金的流动情况度量）对公司管理层的实际决策具有影响（Khan et al., 2012; Arif and Lee, 2015）。

更一般地，投资者情绪的相关文献还研究了市场信号的显著性和统计可靠性是否会影响投资者对个别信号所赋予的权重。继心理学家（比如 Kahneman and Tversky, 1974; Griffin and Tversky, 1992）之后，行为金融学者的研究发现，投资者往往倾向于给那些令人印象深刻和吸引人注意力的信号赋予更高的权重（比如 Barber and Odean, 2008; Hirshleifer et al., 2009; Da et al., 2011; Engelberg et al., 2012b），而给那些统计上更可靠但不那么突出或者需要更多处理才能被理解的信号赋予更低的权重（比如 Della Vigna and Pollet, 2007; Gleason and Lee, 2003; Giglio and Shue, 2014; Cohen and Lou, 2012; Cohen et al., 2013a, 2013b）。

总之，研究投资者情绪的文献数量丰硕，我们将在第3章进行更为详细的讨论，并在第4章讨论价值投资时再次涉及。在本章，我们想要传递给会计学界的重要信息是：除了预期未来现金流折现值的改变，还有许多其他的原因会导致股价变动，这些价格变动幅度可能很大、持续时间很长，然而投资者难以利用其获利。这并不意味着基本面分析不重要了；恰恰相反，这些结论实际上提升了基本面分析的重要性。

2.3.2　证券估值

学术界有大量基于基本面分析研究公司价值评估的文献。

第 2 章
噪声交易者模型：能否替代有效市场假说

近年来，许多学术创新出现在会计学研究领域，其中剩余收益模型（RIM）的再次兴起对这些研究的发展起到至关重要的作用。[①] 这方面的探索尽管不直接与行为金融学相关，但与席勒的研究框架非常契合。在市场价格包含噪声的情境下，基于可持续的预期现金流进行公司价值的独立评估是非常重要的。事实上，除非我们可以基于股东的预期报酬对公司价值作出合理的估计，否则很难在实证研究中区分方程（2.2）的两个分子项。

在第 4 章，我们将回顾基于会计信息估值理论中一些关键的研究结论，并阐明股票"廉价"（金融学文献称之为"价值效应"，一般用各种估值倍数度量）和"优质"（会计界有时称之为"基本面定价异象"，但我们认为这是对公司未来预期成长机会的会计度量）之间不可割裂的联系。

席勒模型作出的一个关键预测是：如果套利成本可以忽略不计，那么我们对公司估值越精确，对未来收益率的预测就越精确。正如我们在第 3 章所展示的，大量的证据表明事实确实如此。

2.3.3 套利约束

席勒模型中的第三个要素是套利成本 ϕ。在均衡条件下，

[①] 剩余收益模型来自金融经济学家早期的研究（比如 Preinreich, 1938; Edwards and Bell, 1961; Peasnell, 1982; Lehman, 1993）。20 世纪 90 年代中期，詹姆斯·奥尔森（James Ohlson）的一系列极具影响力的研究（Ohlson, 1990, 1991, 1995; Feltham and Ohlson, 1995）使得会计学者开始关注该模型对于理解会计数据和公司价值之间关系的重要性。在这一领域作出关键性学术贡献（Penman, 1997, 2010, 2012）的另一个学者是哥伦比亚大学的史蒂芬·彭曼（Stephen Penman）。

理性投资者获得的风险补偿不仅来自基本面风险，还来自与噪声交易相关的成本和风险。随后的分析性研究将信息套利者面临的套利成本的各个方面引入模型，提供了更全面的结构框架，这些套利成本包括委托资产管理产生的代理问题（Shleifer and Vishny，1997）、噪声交易者风险（DeLong et al.，1990a，1990b），以及甚至是精明投资者也要面临的协同性问题（Stein，2009）。

更一般地，套利成本包括一切与利用价格偏离基本面价值来获利的活动有关的成本和风险。需要重申的是，套利成本概念适用于市场层面、行业层面、投资风格层面和个股层面。在个股层面，Baker and Wurgler（2006）以公司的特质波动率作为实证代理变量贯彻了这一概念。很多其他的研究也发现了套利约束和错误定价程度之间的关系（比如 Pontiff，1996；Mendenhall，2004；Mashruwala et al.，2006）。卖空限制发挥的作用尤其受到研究者的关注（比如 Blocher et al.，2013；Beneish et al.，2015；Hirshleifer et al.，2011b）。

进一步地，我们发现有证据表明，市场摩擦对资产定价具有显著的影响。例如，即使在流动性很高的市场，比如月度国债拍卖市场，经纪商有限的风险承受能力和终端投资者不完美的资本流动性都会影响价格，导致未来收益率表现出可预测的模式（Lou et al.，2013）。市场摩擦对价格的影响随时间而高度变化。例如，So and Wang（2014）的研究表明，股票市场短期收益反转（做市商为提供流动性而要求的预期收益补偿的代理变量）这个指标，在接近盈余公告日时会有超过 6 倍的增长，因为做市商在盈余公告期间持有头寸会增加持仓风险。同时，市场参与者有限的注意力和信息处理能力都会影响他们消化信息并据此作出调整的能力（Hirshleifer and Teoh，2003；Hirshleifer et al.，2009）。

2.4 对金融市场研究的启示

我们在前面提到，将基本面价值从价格中分离是拓展研究主题的一个重要步骤。然而，如果价格不总是等于价值，那么市场价格在我们的研究设计中应当起怎样的作用呢？当价格不再是基本面价值合适的替代指标时，我们应当怎样评估其他用来估计价值的指标？当前最有前景的研究领域是什么？接下来，我们将对上述问题展开讨论。

对未来学术研究的建议

哪一类型的研究在未来具有最大的影响力？我们试图描述有影响力的研究的几个特征，而不是单纯地列出一长串研究议题。宽泛而言，我们认为这一领域有影响力的研究应当是：（1）决策导向的研究；（2）本质上是跨学科的研究；（3）有前瞻性视角的研究。①

决策导向的研究

许多年轻的学者通过阅读近期的学术期刊来探索可能的研究议题，但考虑到学术成果从形成到发表需要耗费大量的时间，这些期刊并不一定是探索新研究项目的好的出发点。一个更好

---

① 关于如何识别成功的研究议题的相关讨论，读者可参阅 Ohlson（2011）。奥尔森（Ohlson）认为，成功的研究来自对世界运行方式的全面理解，而不是来自可能忽视制度细节的程式化的学术理论。

的、与之互补的方法是，思考利用会计信息可以帮助作出哪些重大经济学决策，业界的一些期刊或许可以作为研究者思考问题的起点。这样做的目的在于：使研究者在更宽泛的经济学层面，对当前重要的议题有自己独立的看法，而不是太早地被学术文献牵着鼻子走。

我们不能将决策导向的研究与产品开发或咨询相混淆。我们并不是在倡导业界导向的研究，而是希望看到更多的基于对决策者行为及其如何利用（或误用）信息信号的观察的研究。即使是以学科理论基石为目标的基础研究，也将从更深入地了解重大经济决策的制定过程中获益。

关于基本面分析的一些研究文献就是这方面极好的例子。在这些研究中，研究者利用基于会计信息的变量预测未来的各种结果。例如，财务报表数据可以用来预测财务困境的可能性（Altman, 1968）和未来盈余变动（Ou and Penman, 1989）。这些变量可以有效评估盈余可持续性（Sloan, 1996；Richardson et al., 2005）、基本面的改善（Piotroski, 2000；Piotroski and So, 2012）和盈余操纵的概率（Beneish, 1999；Beneish et al., 2013）。通常情况下，上述这些指标对未来股票收益率也有一定的预测力，Richardson et al.(2010) 给出了很好的文献综述。

本质上是跨学科的研究

很少有重大的资产配置决策是仅仅依靠会计信息作出的。因此，资本市场领域大多数重要的会计学研究本质上是跨学科的。这方面的研究要求研究者具有坚实的金融学和经济学背景。

如今会计学界最有趣的一些议题传统上被认为是公司金融、资产定价或行为金融领域的研究，即使会计信息在这些决策制定中起到至关重要的作用。我们认为,在证券估值、股票回购、杠杆收购、首次银团贷款、并购与重组、选股等议题上,会计学家可能比金融学家更在行。如果会计研究者有意钻研和探究这些议题,将有机会在未来几十年内为金融经济学研究作出重大贡献。

此外,我们认为,会计研究者有必要熟悉行为金融学方面的文献。Thaler(1999)曾预言,行为金融学作为金融学分支的时代将结束,因为在未来,所有的金融学将是以行为学为基础的。尽管我们还没有进入那样的时代,但这一趋势是毋庸置疑的。2012年,《金融经济学期刊》的一期特刊专门讨论投资者情绪——这在几十年以前是难以想象的。

我们认为,会计学家在理解噪声交易者的需求方面也具有重要作用。与凯恩斯(Keynes)提出的动物精神(animal spirits)不同,席勒引入的噪声交易者并不是由特异性的冲动或"自发性的行为冲动"(Keynes,1936)所驱动的。席勒认为,投资者预期的偏差在投资者之间是相互关联的,因此他并没有将个体非理性(如群体心理或追随者效应)引入模型。所谓的投资者情绪,是一种共同的偏好或信念,会同时影响一大群的投资者。

那么,是什么因素诱发了这种共同的投资者情绪呢?即什么因素影响 Y_t?席勒认为当投资者依据伪信号进行交易时,就会产生投资者情绪,这类伪信号包括价格和交易量的波动模式、时下流行的模型、华尔街权威人士的预测等。更一般地,除了那些来自最优化地使用公司股利相关信息的因素,Y_t 刻画了其他所有的影响价格的因素。从这个意义上来说,噪声交易者需求可以归因于可得信息的次优使用、对正确信号的反应过度和反应不足，或者是对其他外生的流动性冲击的反应。①

噪声交易者需求最显著的特征在于：它会导致价格偏离基本面价值。因此，当我们优化证券估值模型时，我们同时也优化了对噪声交易者需求量的度量。作为信息经济学家，会计学家能够帮助识别影响噪声交易者需求的信号或伪信号，揭示信息处理成本的本质和外延（比如 Demers and Vega, 2011；Engelberg, 2008），以及这些成本如何影响公司的信息披露决策（Blankespoor, 2013）。事实上，过去一些聚焦于财务报告信息利用不足的会计学研究（比如 Sloan, 1996；Richardson et al., 2005），可以视作识别噪声交易者偏好的研究。一旦我们承认每个人都可能成为噪声交易者——噪声交易者并不是一个单独的群体分支，那么将这个概念引入当前的会计学研究并非难事。

有前瞻性视角的研究

因为很多会计信息在本质上是基于历史的，所以我们做的很多资本市场领域的研究也是回溯性的，并且是在以股票收益率或股价作为被解释变量、同期会计信息作为解释变量这种框架下展开的。根据这个常用框架，相比于其他数据，那些能够更好地解释同期股票收益率或股价的会计数据理论上是更优秀的。

然而，正如 Bernard（1995）所指出的，这个框架有缺陷，因为它从一开始就排除了一种可能性，即研究者能够发掘尚未

---

① 在研究充满噪声的理性预期这类文献中，由外生的流动性冲击所导致的噪声，对于诱发交易、限制股价充分反映信息是相当关键的。这类模型的例子包括 Grossman and Stiglitz（1980）和 Diamond and Verrecchia（1981）。

第 2 章
噪声交易者模型：能否替代有效市场假说

被市场知道的信息。随着我们对市场有效性的看法发生变化，研究的重心应当转变为如何更好地预测未来经济事件的结果。这类学术研究应当致力于优化结果未知的资产配置决策，当然也包括但不限于提高对未来股票收益率的预测能力。

每年美国会计协会（American Accounting Association，AAA）都会颁发会计学文献最佳贡献奖（Notable Contributions to Accounting Literature Award）。该奖项将颁给评选委员会认可的近五年内在会计学领域成果卓著的研究者。过去的获奖者所涉及的研究领域十分广泛，包括盈余质量、资本成本、股权估值、财务报表分析、管理会计、审计学、国际会计准则和公司治理。[1] 简要回顾这些获奖者就可以发现，聚焦于决策相关的、前瞻性的跨学科研究是非常重要的。

2.5 研究设计

如果股价作为公司基本面价值的度量指标是充满噪声的，那么，我们应当如何进行研究设计呢？我们应当如何构建模型以揭示价值与价格之间的关系呢？随着我们脱离有效市场框架的束缚，这些问题显得愈发重要。彻底解决这些问题要留给未来的研究者，不过以下两项实证研究可能给我们一点启发。我们将他们的研究称为"混合"研究，这类噪声研究并不完全否认市场价格中的信息含量，但是对股价与基本面价值之间的关联性给出了更弱的假设。

---

[1] 参阅 http://aaahq.org/awards/awrd3win.htm。

首先，Lee et al.(LMS，1999)建立了一个价格和价值的协整模型——价格和会计人员的估值都是对真实但不可观测的基本面价值的度量，且这两种度量都受到了噪声的影响。在这种情境下，他们探究如何评估基于会计数据所得到的估值结果。在这一框架下他们发现，在相当普遍的条件下，好的估值不仅与当前股票收益率相关性更高，而且能够更好地预测未来收益率。

在 LMS 模型中，由于套利行为的存在，可以假定价格在长期会收敛于价值。然而，考虑到前面讨论的噪声交易者模型，在任意时间节点上，价格都可能偏离真实但不可观测的基本面价值。在这一情境下，基本面分析在 LMS 模型中的作用是形成一个独立的估值，从而规范和引导价格。他们的分析表明，有两个指标可以用来衡量会计估值是否成功地反映了基本面价值。更确切地说，他们认为对内在价值更好的估计指标能够更准确地跟踪价格随时间的波动、预测未来股票收益率。[①] 利用这两个指标，他们证明了剩余收益模型输入多个参数值（如分析师预测、随时间变化的折现率等）是很有用的。

其次，Gebhardt et al.(GLS，2001)使用折现剩余收益模型计算市场隐含资本成本。他们检验了与资本成本的估算有系统性关联的公司特征，发现公司隐含资本成本是公司行业地位、账面市值比（B/M）、预期长期增长率和分析师盈余预测分歧度的函数，并利用这四个公司特征指标为每家公司估计"预

[①] 宏观经济金融学文献大量使用对价格和价值之间均值回复速率的检验，并将这一检验称作误差修正模型（Miller，1991；Malpezzi，1999）。

期"或"合理"的资本成本。采用这种合理的方法，Gebhardt et al.（2001）的研究设计既不依赖于市场有效性传统形式的假设（$P_t = V_t, \forall t$），也不依赖于公司当前股价。在选股时，基于当前股价估算隐含资本成本是无意义的，而 GLS 模型依赖于市场隐含资本成本和各种各样公司特征之间的长期关系。将合理的资本成本与基于当前股价计算的"实际隐含"资本成本进行比较，投资者就可以根据这两个资本成本指标之间的"价差"构造投资策略。[1]

相较于其他文献，LMS 模型和 GLS 模型对市场有效性的假设更弱。更具体地，这两个模型都假设价格和价值在套利的作用下长期会趋同。价格包含了与未来股利相关的有重要价值的信息，然而在任意时间节点上，由于外生力量（行为金融学称之为噪声交易者需求）的冲击，价格存在偏离基本面价值的可能。

开展这些研究的学者利用会计基本面和市场价格长期趋同的关系来度量短期的价格偏离。我们将这种研究方法称为混合法，因为它综合利用会计基本面和过去股价来预测未来股价。回到我们在第 1 章提到的关于海洋的类比，这些研究用平均海平面高度（利用特定基本面数据得到的长期估值）度量当前潮汐的高度（用相同基本面数据估算的当前市场价格）。

---

[1] 这个方法与一些固定收益套利者使用的方法类似。他们定期计算债券合理收益率与实际收益率的差值，以此发掘可能的获利机会。Bhojraj and Lee（2002）阐释了如何利用合理的乘数因子识别可比公司。事实上，很多量化资产管理者在中性化行业、公司规模和其他隐含资本成本相关的公司特征对价值信号的影响时，早已下意识地进行了这种调整。

2.6 小　结

噪声交易者的存在是噪声交易者模型的核心思想。简单地说，投资者情绪或噪声交易者需求可以被定义为任何与基本面信息无关的投资者需求或价格压力。在噪声交易者模型中，投资者情绪会导致价格偏离基本面价值。投资者情绪可以由差异化的流动性需求、偏好或信息集所驱动，或者由评估当前可得信息时的行为偏差所导致。

尽管噪声交易者能够影响价格这一观念通常在行为金融学文献中出现，但它并不是这类文献所特有的。噪声交易者是市场微观结构中的噪声理性期望模型和 Kyle（1985）模型不可或缺的组成部分。在这些模型中，噪声交易者出于外生的流动性原因进行交易。行为学模型的特别之处在于，噪声交易者不但会基于流动性而交易，而且会基于对公司未来基本面现值的误判而交易。

在噪声交易者模型中，噪声交易者需求至少从三个重要的方面影响了价格：

首先，噪声交易者行动的同步性使得价格偏离基本面价值，他们的共同行动是均衡条件下市场中存在错误定价的主要原因。同时，正如 Black（1986）所发现的，正是由于存在噪声交易者需求，精明投资者才能通过下工夫收集和分析信息来获得高额收益。因此，尽管噪声交易者导致了错误定价，但是他们也成为套利者（精明投资者）最终获利的来源。

第 2 章
噪声交易者模型： 能否替代有效市场假说

其次，噪声交易是市场风险的重要来源，这在均衡定价中得以体现。噪声交易者的行动是难以预测的，这给所有市场参与者都带来了额外的风险。这被视为与套利成本（参数 ϕ）有关的风险溢价，而套利成本体现在市场出清价格方程的分母中。

最后，噪声交易影响的严重程度也与套利成本相关。或者说，精明投资者可以通过套利来减弱噪声交易对价格的影响，而错误定价程度是精明投资者消除噪声交易者影响所需的成本的函数。①

噪声交易者需求可能是由外生的流动性冲击所导致的，而这类流动性冲击通常与基本面信息无关。随后几年，学界涌现出大量关于投资者情绪和噪声交易的研究，这些学术成果对资产定价实践、公司金融、财务会计和宏观经济学等领域都有所启发。更加复杂和深奥的模型涌现出来，试图更加细致地刻画噪声交易在各种形式的套利约束下的动态结构。尽管 Shiller（1984）的模型十分简化，但其基本框架仍在今天的研究中占有一席之地。

---

① 为简化起见，模型假设噪声交易者需求是外生变量。但事实上，噪声交易者需求预期 $E_t(Y_{t+i})$ 的特性和大小不可能是外生的，这一变量与精明投资者因持有风险资产而要求的风险溢价（ϕ）的大小有关。

第3章
噪声交易与投资者情绪

投资者情绪指"非基本面"驱动的需求,也就是并非基于对资产基本面价值最优化预测所导致的净需求(不论买或卖)。无论是在真实市场还是在包含噪声交易者的分析模型中,非基本面需求都有着重要的作用。一方面,非基本面驱动的需求既是错误定价的一个来源,同时也提供了套利机会;另一方面,非基本面需求是风险的一种来源,因为上下波动的投资者情绪对所有投资者而言都是一种成本。

在行为金融学领域,投资者情绪较其他子研究领域有更大的进展。过去几十年中,学术研究已经从投资者情绪是否存在这种一般性的争论,转向更加细致的研究:(1)采用新型数据衡量非基本面需求;(2)研究特定投资者群体,从而追踪情绪驱动型交易的起源;(3)评估投资者情绪在资产定价和公司决策中产生的经济后果。

投资者情绪的经典文献包括 Shiller(1984)、DeLong et al.(1990a)、Lee et al.(1991) 和 Baker and Wurgler(2006,2007)。尽管采用的术语有所不同,但这些研究都认为,噪声交易者具有随机且错误的观点,并且这种观点会共同影响资产价格。这些研究的另一个特点是,它们普遍关注"市场层面的情绪"

(market-wide sentiment)。在这些研究中,噪声交易者带来的风险是系统性的并普遍存在,会同时影响许多资产的价格。然而,正如我们在随后所讨论的那样,投资者情绪具有更广泛的概念。投资者情绪不但对市场总体价格有影响,而且在对单只股票的相对定价以及按照行业、地理区域或投资风格划分的投资组合的相对定价中也扮演着重要的角色。

在本节,我们将按照文献发表的顺序,阐述学界关于投资者情绪的研究进展。在 20 世纪 70—80 年代,当时研究的重点是找到投资者情绪存在的证据。这一研究领域的核心问题是:是否存在除基本面信息之外的因素驱动市场价格?随着时间的推移,越来越多的证据表明,即使基本面信息没有改变,很多流动性因素以及与投资者行为相关的因素也会导致价格波动。

自 20 世纪 80 年代中期到 20 世纪末,实证研究者开发出许多衡量投资者情绪的指标,许多资产定价模型也提供了基于投资者情绪的理论解释。[1] 在公司金融领域,研究者检验了投资者情绪对管理层实际经济决策所产生的影响(有时也被称为迎合理论)。[2] 与此同时,资产定价领域的研究开始分化:一个分

---

[1] 近年来涌现出许多研究噪声交易者和有资本约束套利者的行为金融模型。尽管我们会讨论其中关于代理人"有限注意力"和"不完全信息"的模型,但这些文献大多超出本书的讨论范围,相关文献综述请参阅 Barberis and Thaler (2002) 和 Barberis (2013)。

[2] 行为公司金融的文献也非常丰富,但由于其与市场有效性文献的相关度不高,我们在本章中仅做粗略的概述,感兴趣的读者请参阅 Baker and Wurgle (2012) 的文献综述。

支主要关注市场层面的情绪,这一分支主要聚焦于金融领域;另一分支则关注公司层面的情绪和基于特征的错误定价指标,这一分支则主要聚集于会计领域。

自 2000 年以来,相关研究的进程不断加快。近期的实证研究将市场层面的投资者情绪和许多其他现象相联系,如天气和情绪指标、股票收益的季节性趋势、资本流动、公司股票发行、总投资和流动性限制等。而公司层面的投资者情绪则与股价对特定信息的滞后反应相关,包括盈余信息、公司信息披露、盈余质量、投融资决策的横截面差异、分析师预测偏差、共同基金交易和许多其他信息变量。

总体来看,这些研究为投资者情绪研究提供了许多基于经济学和心理学的新观点,并阐述了投资者情绪与信息不确定性、投资者有限注意力和套利成本等一些紧密相关概念的联系。当前学界对于投资者情绪的大致观点是:市场充斥着许多种类的非基本面需求,其中有些来自可识别的投资者(如散户投资者或共同基金),并且每一种特定的非基本面需求都会对资产价格产生影响。当理性资金的供给不足以抵消这些情绪驱动的需求时,价格就会不稳定,我们就会观察到随后发生的收益反转现象。

在一系列新观点、新证据和新数据源的推动下,这类研究正在重塑我们对价格发现过程的理解。从近期顶级期刊的发文比例来看,投资者情绪的研究迎来了属于它的时代。在我们看来,投资者情绪方面的研究是目前学术研究中特别富有前景的领域。

3.1 投资者情绪与套利成本

承认投资者情绪与套利成本（arbitrage cost）（有时也被称作市场摩擦）之间的关系密不可分对我们的研究是非常有价值的。这两个主题相互重叠，无法完全分开。如果不存在套利成本，投资者情绪便无法影响价格；同时，诸如资产复杂性、投资者注意力和信息不确定性等因素，毫无疑问既会影响噪声交易的程度（投资者情绪），也会影响错误定价的发掘成本（套利成本）。

在下一节，我们将讨论市场摩擦（market frictions）这一主题。在本节，我们应认识到市场摩擦本身不足以解释错误定价的存在。虽然市场摩擦的相关研究能解释为什么价格无法立刻回归价值，但无法解释为什么初始价格会偏离价值。为了理解错误定价的来源，我们需要关于系统性错误的行为学理论，或者其他能够解释针对某一非基本面因素的关联方向性交易①。

可以肯定的是，心理学研究中识别出的决策偏差是产生投资者情绪的主要原因。心理学和实验经济学的大量研究表明，人类的行为并不符合完美的贝叶斯假设。在修正概率时，人们会给诸如印象深刻和容易回忆类似事件的因子赋予过大的权重，而对在统计意义上更加可靠的指标（参阅 Griffin and Tversky, 1992）赋予较小的权重。在不确定情形下，人们的决策质量还会进一步受到任务复杂度、框架效应、情绪与情感，以及许多

---

① 方向性交易是指基于投资者对整体市场或某种证券趋势的判断而作出的做空或做多策略。——译者注

与维护自尊相关的因素的影响（比如 Shiller，1999；Hirshleifer，2001；Barberis and Thaler，2002；Hirshleifer，2015）。

然而，从更广阔的角度思考非基本面需求的起源会更有价值。例如，这些需求也可能来自常见的流动性冲击。当基金经理削减大额头寸时，其抛售行为会对投资组合中的股票产生向下的价格压力；类似地，一群交易员也可能会出于与资金有关的原因而同时买入或卖出特定的资产。在这类情形下，即便这些需求无法归结于某种具体的行为偏差，标的资产也将承受非基本面驱动的价格压力。

对于关注基本面的长期投资者而言，上述两种价格压力都是有信息成本的套利机会；而对于面临资本约束的理性套利者而言，上述两种价格压力也是非基本面风险的来源（DeLong et al.，1990a；Shleifer and Vishny，1997）。由于行为偏差和流动性冲击都可以引发非基本面驱动的需求，因此两者被视为投资者情绪的可能来源。

总而言之，虽然市场摩擦的相关研究对于我们理解价格发现过程很重要，但其自身无法解释价格为什么偏离价值。为了更好地理解后者，我们有必要仔细研究投资者行为偏差（投资者共同错误的来源）和共同流动性冲击（投资者共同流动性需求的来源）对资产价格的影响。这些是投资者情绪文献所讨论的主要内容，也是本章接下来将重点阐述的内容。

3.2　什么驱动了股票价格？

什么证据可以证实股票价格波动受到非基本面因素的影响？

事件研究表明，股票价格会对下列可能影响公司基本面的公告作出迅速反应：公司盈利、股利变动、销售预测、公司行动、宏观经济新闻、监管政策等。这些证据通常被视作支持市场有效理论，但是正如 Cutler et al.(1989) 所发现的，市场价格只对基本面消息作出反应的这种观点其实更难被证实。

事实上，在用基本面成因解释价格走势的尝试中，研究人员付出了许多努力，但只得到非常有限的结果。例如，现在会计研究者已经知道，用股票收益率对会计盈余做回归的总体解释度很差，会计盈余只解释了年度横截面收益率变化的 10% 左右（Lev，1989；Easton and Harris，1991）。基于估值理论，在回归方程中加入更多的解释变量（如利润率的变化、增长机会和折现率的变化），只能把解释力度提升到 20% 左右（Chen and Zhang，2007）。进一步加入分析师对未来收益预期的更正，也只能将解释力度提高到 30% 左右（Liu and Thomas，2000；Copeland et al.，2004）。换句话说，即使凭借最新的估值理论和公司基本面信息最佳的代理变量，会计研究人员也只能解释年度横截面收益率变化的一部分（约 30%）。横截面收益率的大部分差异（约 70%）仍然是一个未解之谜。

资产定价的实证研究也不尽如人意。这些研究得出的一致的主要结论是：股票收益率的最佳解释变量是其他公司的同期股票收益。但即便如此，解释力度仍低得惊人（Roll，1988）。那些本应影响市场总体收益率的宏观经济变量（如工业生产中的"创新"、债券风险溢价、利率期限结构和预期通货膨胀）对实际收益率的解释力也非常小（Chen et al.，1986；Cutler et al.，1989）。

即使采用最强大的计量经济学模型,在模型中纳入尽可能多的基本面信息,研究人员也只能解释所观察到的价格波动的一小部分。例如,Cutler et al.(1989)的研究将整体市场年化收益率回归到大量基本面指标的变量自回归(VAR)方程组中,但在方程组中加入了过去、现在甚至未来的基本面消息的代理变量,其模型也只能解释不到一半的市场收益率波动;相反的是,他们发现最剧烈的市场波动往往发生在没有任何基本面消息的情况下。基本面消息难以解释收益率的现象不仅仅局限于股票市场,外汇市场(Frankel and Meese,1987)、债券市场(Shiller,1979)和"橙汁"期货市场(Roll,1984)也有类似的情况。

在相关研究中,Shiller(1981a,1981b)和 LeRoy and Porter(1981)使用方差边界检验来论证股票市场的实际波动率远远不能只用股利变化做解释。这个结果最初遭到统计学方面的质疑(Kleidon,1986;Marsh and Merton,1986),但是在进一步检验后得到了广泛支持(Kleidon,1988;Shiller,1988;West,1988;Engel,2005)。总体而言,相对于预期现金流量的变化,市场收益率的波动仍然是实证资产定价模型中一个令人费解的现象。

折现率的跨期变化被视为收益率波动远远大于预期股利波动的主要原因。如果我们将市场隐含资本成本(当前市场价格和预期股利所隐含的内在收益率)作为"正确的"未来现金流的折现率,那么按照循环定义,市场价格一定等于基本面价值。然而,为了更合理地解释价格和价值在每一个时间点上的波动,问题就转化为如何解释折现率的跨期变化(Campbell and Shiller,1988a;Elton,1999;Pastor and Stambaugh,1999;

Cochrane,2011)。

总而言之,与合理的价值估计相比,金融市场的资产价格似乎仍有许多无法解释的波动。在市场层面上,我们能持续观察到长时期的高速发展(繁荣)和痛苦收缩(萧条)。在公司层面上,同时期不同公司(横截面)收益率的差异很难由基本面变化所解释。尽管我们尚未完全了解价格波动的成因,但越来越多的经济学家正在寻求传统估值模型之外的答案。

3.3 关于投资者情绪的早期研究

除了基本面消息,还有什么能够驱动股票价格呢?事实上,记录投资者情绪的存在和起源的工作并不简单。为了证明股票价格与非基本面驱动的需求(不是由对预期现金流进行合理定价而产生的需求)相关,学者需要将其与基本面需求区分开。但是,由于真实的内在价值是不可观测的,这项工作非常艰巨。

一些早期的研究证据较为间接地证明了投资者情绪的存在。例如,French and Roll (1986) 研究了美国股市周三休市那段时间。通过对比休市期的数据,他们发现,即使那段时期基本面消息发布情况相似,股票市场开放时期的股票收益率变化也远远大于休市时期。这表明在没有基本面消息发布的情况下交易本身会导致波动,但他们未能挖掘出这些额外波动的来源。

在相关的研究中,Shleifer (1986) 发现,将股票纳入标准普尔 500 指数中会使股票价格上涨 2%—3%。某只股票被纳入指数并未提供关于该公司基本面价值的新信息,所以股票价格上涨似乎是与其向下倾斜的需求曲线有关。这个证据表明,公司股价受到股票净需求的影响,而不只是对公司未来现金流量的预测。但是,Denis et al.(2003)发现新纳入指数的公司,其分析师盈余预测和实际盈利都有明显的增长,这说明纳入标准普尔指数这一事件可能蕴含新的信息。最近,Barberis et al.(2004)发现在被纳入指数之后,新纳入股指的股票与标准普尔指数的相关性得到强化,再次表明非基本面驱动的需求的影响很大。最后,Boyer(2011)发现,即使股票基本面没有改变,在被纳入标准普尔/Barra指数后,该股票与指数的共同波动也会变大。总的来说,这些研究表明,学者在尝试记录投资者情绪对价格的影响时将面临不小的挑战。

Lee et al.(1991)研究封闭式共同基金的定价,试图解决这个问题。大多数共同基金是开放式的——基金随时可以吸纳更多的资金,并能够以基金的资产净值(NAV)赎回现有股东的股份。相比之下,封闭式基金只通过一次性的上市发行的方式募集一定数量的资金和发行固定数量的股份。然后,该封闭式基金经理人会投资其他可交易的证券构成投资组合,投资组合的净资产值以周五收市价格标价,而且每周公布一次。封闭式基金的股份只能在股票市场上交易,想要变现封闭式基金股份的投资者必须在公开市场上以市场价格出售股份。因为基金的价格是由供需决定的,所以基金价格可能不等于基金的资产净值。

封闭式基金之谜指的是实证研究发现:封闭式基金的资产净值通常不等于交易价格这一现象。封闭式基金通常以低于资产净值的价格交易,当然有时可能会高于资产净值。Lee et al.(1991)发现,封闭式基金以低于资产净值30%—40%或以溢价10%—15%甚至更高的价格交易并不罕见。即便那些分散化投资、持有高流动性证券的封闭式基金也是如此。对于持有交易受限证券或流动性较差证券的封闭式基金来说，基金价格与基金资产净值的差异会更大；在有些情况下，某些基金的溢价甚至超过150%。

Lee et al.(1991)将封闭式基金的折价视作个人（或散户）投资者情绪指数。他们的研究显示：封闭式基金主要由散户投资者持有，而且这些由个人持有的封闭式基金的折价通常呈现很强的共同波动。他们认为，当散户投资者看涨（看跌）时，这些基金的价格相对于资产净值会上涨（下跌），并且封闭式基金的折价率也会集体缩小（扩大）。他们的分析还显示：被散户投资者大量持有的其他资产也与封闭式基金折价共同波动，比如小公司股份，特别是机构投资者持股比例低的股票。另外，Lee et al.(1991)发现散户投资者情绪与新股上市择时有关。也就是说，在新股发行热度最高的时期，封闭式基金折价通常会缩小。

Lee et al.(1991) 与 Chen et al.(1993a，1993b) 展开了热烈的讨论。[1] 无论这场辩论的哪一方获胜，封闭式基金不寻常的定价已明显改变了许多研究者对投资者情绪存在与否的看法。无论以何种方式衡量，封闭式基金都是透明的且相对容易定价的资产（它们是"会计学上的单细胞生物"——每周，资产负债表中的所有科目均按公允价值计量）。如果连这些基金的价格与资产净值的差异的日常波动都在+10%和-30%之间，更何况特斯拉汽车或苹果电脑这样业务复杂的公司呢？

---

[1] 具体参阅 Chopra et al.(1993a，1993b)、Chan et al.(1990)、Bodurtha et al.(1995) 和 Hanley et al.(1996)。Anderson and Born (2002) 和 Cherkes (2012) 总结了这方面的文献。

在定价相对透明的资产中,封闭式基金并不是唯一的价格偏离价值的例子。Froot and Dabora(1999)研究了"暹罗双胞胎"公司(同家公司的股票在不同市场交易)的定价问题。这些股票拥有完全相同的现金流,但股价却相差甚远,比如荷兰皇家壳牌石油公司(Royal Dutch/Shell)的股价差异为-35%—10%。与 Lee et al.(1991)的研究结论类似,这些学者发现"双胞胎"股票的相对价格受交易量最大市场的驱动而共同波动。也就是说,当市场交易相对强度上升(下降)时,"双胞胎"股票的相对价格也上涨(下跌)。在检验了一系列可能的解释后,他们得出结论:国家层面的情绪冲击和市场摩擦最有可能是导致价格产生巨大差异的原因。

美国金融协会主席 Black 在关于"噪声"的演讲中指出,由于所有的价值估值都充满噪声,因此我们永远不知道价格与价值之间的偏离有多远。他调侃道:

> 然而,我们可以将有效市场定义为价格在价值的两倍之内,即价格是价值的一半以上且小于价值的两倍。当然,两倍这个值是随意定的。但直觉上,鉴于价值不确定性的来源和促使价格回归到价值的力度,这种设定似乎是合理的。按照这个定义,我认为几乎所有市场在几乎所有时候均是有效的(几乎所有指 90% 以上)(Black,1986)。

一个常见说法是大多数市场的股票价格常常会以数值为 2 的因子偏离其基本价值。这在 1986 年看起来可能很荒唐,但封闭式基金和"暹罗双胞胎"股票的证据以及接下来讨论的其他研究结果都表明,Black 的说法可能真的与现实没差太远。

3.4 行为学基础：投资者情绪的来源

噪声交易是指错把噪声当作信息并基于噪声进行的交易。即使从客观角度看不交易会更好，但噪声交易者仍愿意交易。或许他们误将噪声当成了真正有用的信息，亦或许他们只是喜欢交易（Black，1986）。

为什么人们基于噪声进行交易？一个原因是他们喜欢这样做。经济模型可以通过修改代理人的效用函数来满足这一解释，但正如Black（1986）所说的，"一旦将交易这一因子直接纳入效用函数（说明人们喜欢交易），我们就很难知道何时停止加入新的因子。如果任何东西都可以放入效用函数中，那么人们采取行动以最大化预期效用这一概念就很有可能没有意义了"。

一个更有趣的可能性是，人们实际上认为他们交易所依据的噪声是信息。换句话说，一些交易者可能很难解读信号中的信息内容。请注意，这种解释并没有要求投资者极度不理性。随着新数据的不断涌现，即使对精明、成熟的投资者而言，要判断这些私有信号是否已经被价格吸收也是极其困难的事情（Stein，2009）。因此，我们在一定程度上可能都在进行着噪声交易。这只是价格发现过程的一部分。

由此问题就变成我们该如何学会解决上述问题。也就是说，我们需要更加清晰地知道，自己在什么情形下更倾向于进行噪声交易。一个合理的研究起点是，行为经济学家、心理学家、社会学家和人类学家对身处不确定环境下人们的认知与决策所进行的基础研究。

事实上，实验经济学中的大量文献表明，在不确定性下作出决策时，被试者会遵循某些行为原则。Shiller（1999）基于该领域的文献综述确定了 12 个行为原则，并讨论了每个原则背后的实验证据。具体来说，他的综述涵盖了前景理论、后悔和认知失调、锚定效应、心理区间、过度自信、反应过度和反应不足、代表性启发法、分离效应、赌徒行为和投机、历史无关性、非理性思维、半理性思维、注意力异象、可得性偏差、文化和社会行为传染效应以及全球文化。

人们为什么不能学会避开有偏见的判断呢？在某些情况下人们能做到。但是，许多持久的基于启发式的行为在人们心中具有根深蒂固的"共同根源"。Hirshleifer（2001）从金融经济学家的角度对心理学文献进行了精辟的概述，他认为人类认知中这些根深蒂固的倾向是天生的，通过学习可能会减少这些根深蒂固的偏见的影响，但无法完全消除。

作为一个组织性的框架，Hirshleifer（2001）识别了三个主要的偏见类别：(1) 启发式简化；(2) 自我欺骗；(3) 情绪失控。表 3.1 汇总了这三个类别。

表 3.1　有偏判断的共同根源

A. 启发式简化

植根于人们有限信息处理能力的决策偏差

　A.1　注意力/记忆/简单处理效应

- 显著性和可得性偏差（回忆的难易程度影响评估事件发生的概率）
- 习惯（以应对记忆的局限和自我控制）
- 晕轮效应（简化复杂的评价过程）

（续表）

A. 启发式简化

A.2　狭义框架/心理账户/参考效应
- 框架效应（分析问题的方式太孤立）
- 心理账户；处置效应和私房钱效应
- 锚定效应；后悔厌恶；损失厌恶

A.3　代表性启发法
- 小数定理（低估参考基准）
- 赌徒谬误；热门错觉

A.4　更新信念：结合效应
- 保守主义（锚定效应）
- Griffin and Tversky（1992）：力量（显著性）与重量（可靠性）的较量

B. 自我欺骗

植根于人们对维护自尊或自我价值的需求的决策偏差
- 过度自信（任务越具有挑战性和反馈存在噪声越自信）
- 自我归因偏差（人们倾向于将成功结果归功于自己的能力、失败结果归咎于坏运气）
- 认知失调（行为引发的态度变化）
- 沉没成本效应（过度地受到过去决策和成本的影响）
- 确认偏差（选择性地收集有利的证据，忽视矛盾的证据）
- 处置效应（"出赢保亏"，倾向于过早地卖出赚钱的股票而继续持有赔钱的股票）
- 事后偏见；事后合理化（"我早就知道"）

C. 情绪和自我控制

因自控或自律的失调而产生的决策偏差

C.1　模糊厌恶
- 埃尔斯伯格悖论（Ellsberg paradoxes）（Ellsberg, 1961）
- 模糊厌恶；控制幻觉（是否选择基金经理人）

（续表）

C. 情绪和自我控制
C.2 心情、感觉与决策
● 比如，俄亥俄州立大学的胜利和俄亥俄州彩票式门票的销售
● 身体感受和认知经验如何影响决策
C.3 时间偏好和自我控制
● 跨期决策；涉及自我控制的延迟消费
● 有时折现率似乎非常高

启发式简化是一类植根于人们有限信息处理能力的决策偏差，包括注意力/记忆/简单处理效应，如显著性和可得性偏差、习惯和晕轮效应。认知处理的局限性也导致一系列与狭义框架效应、心理账户、锚定和调整以及后悔厌恶有关的问题。最后，基于启发式的思想导致非贝叶斯的信念更新、赌徒谬误和短期持续性错觉。简而言之，行为实验文献发现的许多问题似乎都能在人们应对认知处理约束时采用的应对机制（启发式决策）中找到根源。

自我欺骗是一类植根于人们对维护自尊或自我价值的需求的决策偏差，包括过度自信（任务越具有挑战性和反馈存在噪声越自信）、自我归因偏差（人们倾向于将成功的结果归功于自己的能力、失败结果归咎于坏运气）、认知失调（行为引发的态度变化）、沉没成本效应、处置效应（"出赢保亏"，投资者在处置股票时倾向于过早地卖出赚钱的股票而继续持有赔钱的股票）、事后偏见、事后合理化（"我早就知道"）以及确认偏差（人们在搜寻信息或解读信息时，往往会选择性地收集符合自身偏见的证据,而忽视与自身偏见矛盾的证据)。简而言之,人们过度痴迷于维护自尊,以至于总是作出次优的决定。

情绪失控导致了一系列因自控或自律失调而产生的决策偏差,包括埃尔斯伯格悖论、模糊厌恶、控制幻觉、金融决策中心情和感觉的影响,以及涉及延迟消费的跨期决策。这个观点认为,理性决策有时也会受到人们的身体感受和认知经验的影响。

Hirshleifer(2001)认为,引发次优决策的大多数身体和心理因素可以归属于这三个类别之一。在最近的一篇文献综述中,Hirshleifer(2015)进一步强调了人类行为的社会性。具体来说,这项后续研究突出了社会互动和有感染力的行为在个体认知偏差传播中的作用。Hirshleifer(2015)号召更多的学者研究"社会金融",而不是研究"行为金融"。

简而言之,实验经济学中的大量文献表明,人们的判断往往受到那些导致次优决策的身体和心理因素的影响。我们的判断的质量还进一步受到许多因素的影响,包括任务复杂性、框架效应、心情和感觉,以及与维护自尊相关的因素。这些偏见不仅不会通过社会互动而得以消除,反而会通过与他人交往而进一步扩大。

对前文提到的行为学研究中涉及的每一个现象的详细讨论超出了本书的范围,有兴趣的读者可参阅 Barberis and Thaler(2002)、Shiller(1999)和 Hirshleifer(2001,2005)等非常优秀的概述。然而,我们要预先提醒:这些研究中没有任何一篇文献将投资者心理学与具体的市场异象一一对应;相反,这些文献只是简单地列出心理学、社会学和人类学的实验证据。因此,我们希望知晓行为心理学的金融经济学家能理解并认识到某些市场现象是这些根深蒂固的人性弱点的表现。

这些行为偏差问题在金融市场中是否真的重要？在下一节，我们将概述投资者情绪存在并影响金融市场的证据。

3.5 资本流动与股票收益

在我们看来，资本流动和股票收益之间的实证关系是投资者情绪存在的最有力的证据之一。在多种资产类别和多个市场中，投资者资本流动与前期和同期的收益正相关、与未来收益负相关。一个个的证据表明，资本追逐市场表现，但市场表现本身并不稳定且不持久。事实上，在大量资本流入或流出之后，市场总体表现往往会发生反转。

从整体水平看，大部分资金在市场崩盘前夕涌入，在市场上涨之前退出（Ben-Rephael et al., 2012; Baker and Wurgler, 2000; Nelson, 1999; Loughran et al., 1994）。在全球多个股票市场中均发现类似现象（Dichev, 2007; Baker et al., 2012）。从个股层面上的投资者资本流入/流出中同样观测到这种异常的、表现很差的择时现象（Lee and Swaminathan, 2000; Baker and Wurgler, 2002），即便专业资产管理机构（如共同基金和对冲基金）的资本流入/流出也存在这种不恰当的择时现象（Fung et al., 2008; Dichev and Yu, 2011）。在所有类似的情况中，较高（较低）的资本流动预示着较低（较高）的未来收益。我们将在下文讨论这些证据及其启示。

Dichev（2007）对证券投资收益和投资者收益进行了区分。

前者是被动式"买入并持有资产"的收益；后者是通过每时每刻配置总资本而获得的"货币加权"收益。换句话说，投资者的实际历史收益不仅取决于他们持有证券的收益，还取决于他们选择持有或抛售这些证券的时间点和数量。Dichev（2007）显示，在大多数发达市场中，投资者的实际历史收益远远低于"买入并持有资产"的收益。纽约证券交易所和美国证券交易所1926—2002年两者收益率的差额是每年1.3%，其他19个主要国际股票市场中1973—2004年两者收益率的差额是每年1.5%，而纳斯达克1973—2002年两者收益率的差额则高达每年5.3%。这些统计上高度显著的差异的产生原因是：在所有这些市场中，较高的资本流入（流出）意味着较低（较高）的未来收益。①

面对噪声交易者多变的需求，我们可以预期当市场上涨时，公司管理者可能会发行更多的股票，或启动更多的首次公开募股。事实上，这正是我们在市场情绪高涨时期所观察到的现象（Baker and Wurgler，2000；Nelson，1999；Loughran et al.，1994）。特别地，Baker and Wurgler（2000）的研究表明，股票发行占新发行总额（债务加权益）的比例是1928—1997年美国股票市场收益率最强的预测指标之一。与投资者情绪解释一致，较高（低）股权发行时期之后往往跟着较低（高）市场收益时期。

---

① 最近，Ben-Rephael et al.(2012)使用美国共同基金的月度汇总数据研究资本流动与市场收益之间的关系。具体来说，他们发现股票市场总收益与同期债券型基金到股票型基金的每月资本净流入额之间存在正相关关系，而且这种正相关关系中的85%会在4个月内发生反转、100%会在10个月内反转。同样，这些发现与热钱追逐前期股市表现的现象一致，均导致随后的价格反转。与这种解释一致，Ben-Rephael et al.(2012)提出将这种基金资本流动变量作为衡量投资者情绪的改进性指标。

这些公司对投资者情绪的回应本质上是对目前高涨的市场情绪在未来会下跌的方向所下的赌注。公司管理者根据感知到的超额需求扩大股票供应。如果有充足的新股供应及时出现，市场情绪对当前股价就不会产生明显的影响。然而，资本流动能预测未来市场收益这一事实表明，这种新股供应并不总是充分的或者能及时地满足投资需求。

资产管理行业的证据更引人注目。共同基金的资本流入/流出与该资金前期业绩表现密切相关（Chevalier and Ellison，1997；Sirri and Tufano，1998）；然而证据表明，基金业绩几乎不具有可持续性（Carhart，1997）。事实上，单只对冲基金的资本流入/流出的时间和体量对基金未来收益具有惊人的预测能力。更多资金流入的基金随后表现不佳，而更多资金流出的基金则表现突出（Fung et al.，2008）。

Dichev and Yu（2011）对对冲基金资本流动的研究也发现了类似的结果。采用 Dichev（2007）的方法，Dichev and Yu（2011）发现，对冲基金投资者的年度加权收益比对冲基金采用相应的买入并持有策略的收益低 3%—7%。整体收益差异可以归因于投资者资本流动的时间和体量。再次，我们看到资本追逐业绩，但业绩本身并不持久。事实上，在面临大量资本流入或流出之后，基金的整体表现往往会出现反转。[1]

---

[1] 请注意，基金经理绩效缺乏持续性并不意味着这些经理人不具备股票鉴别能力，可能是技术越娴熟的"明星"基金经理吸引了更多的资本，而较大的资本盘面则拖累了未来业绩。例如，Berk and Green（2004）指出，随着时间的推移，市场逐渐识别出不同能力水平的基金经理。然而，在整体市场上资金流动和收益的相关性的影响下，这种学习模式似乎并不那么重要。请参阅 Christoffersen et al.（2014）对投资者资金流动文献的精彩回顾。

衡量个股资本流入和流出的难度更大，但是已有的证据与上述结果吻合良好。Baker and Wurgler（2002）和 Dong et al.（2012）都发现，当公司的市场价值高（低）于基本面估计值时，公司更有可能发行（回购）股票。简而言之，公司择时发行（股票）以发掘相对于基本面价值的明显的错误定价。与这一解释一致，在一级市场通过首次公开募股发行股票的公司（Ritter，1991；Brav and Gompers，1997）和在二级市场增发股票的公司（Loughran and Ritter，1995；Spiess and Affleck-Graves，1995）将面临较低的未来收益；相反，回购股票的公司会获得更高的未来收益（Ikenberry et al.，1995；Peyer and Vermaelen，2009）。类似的证据也存在于使用财务报表中债务和股权融资科目计算的净融资指标（Bradshaw et al.，2006）和使用其他41个国家数据（McLean et al.，2009）的国际研究中。

在所有这些情形下，投资者资金流入/流出股票的时机与其未来收益负相关。整体上，投资者似乎总能很恰巧地在错误的时间买入这些股票。在每个例子中，资本的定向流动方向似乎都与估值指标相反。看起来，投资者似乎过度关注近期历史业绩，而忽视基本面指标的长期价值。

例如，Purnanandam and Swaminathan（2004）分析了1980—1997年公司首次公开募股发行数据后发现，根据同行匹配标准，首次公开募股公司被高估了14%—50%。他们由此得出结论，首次公开募股投资者为乐观的增长预测所误导，在首次公开募股估值时对盈利能力的重视不足。同样，Arif and Lee（2015）发现，在市场对公司的投资额为巨量（少量）的期间，分析师对未来宏观经济和个体公司增长的预测过于乐观（悲观）。①

总而言之，虽然投资者资本流动的原因和影响尚是一个未研究透彻的领域（Christoffersen et al., 2014），但一些典型的事实还是非常清楚的。资本流动对过去的表现非常敏感，却对基本面信息的关注不足。这些资本流动是基本面投资者和公司管理者套利机会的来源，但同时也是风险的来源。

3.6 投资者群体与系统性噪声

只有当市场个体投资者变化无常的（非基本面）预期/情绪同向相关时，它们才能对价格造成系统性的影响。是否有任何直接证据能证明不同投资者人群之间的噪声交易是相关的？这种类型的噪声交易是否会对价格产生很大影响呢？现在大量的证据表明，这两个问题的答案都是肯定的。

3.6.1 散户投资者

Kumar and Lee（2006）检验从一家美国大型零售经纪公司获得的 185 万笔投资者交易记录，发现这些交易是系统性相关的。也就是说，人们一致地买入或卖出股票。散户交易中这种共有的同向交易并不能由总体市场收益率或基本面因子（宏观因素和公司特定因素）所解释。更重要的是，他们发现系统性

---

① 我们关注净发行异常是因为它们是投资者买入或卖出特定股票的清晰示例。然而，投资者资本流动能反映关于特定公司的情绪这一现象更加普遍。例如，Lee and Swaminathan（2000）发现，高成交量股票的未来收益较低，并将其归因于魅力/价值效应，即高成交量（低成交量）的股票反映投资者过度乐观（悲观）的情绪。

的散户交易解释了散户占比集中的股票（小盘股、价值股、低机构持股比例股和低价股）的收益协同现象，这种现象在套利难度大的股票上尤其显著。他们得出结论，散户交易会由共同的非基本面同向因子驱动，而且会影响股票收益。

散户投资者因交易而损失多少？Barber et al.(2009a)使用台湾地区证券交易所独一无二的数据（包含所有投资者完整的历史交易信息）研究这一问题。利用这份数据，研究者能够区分出散户和四种不同类别的机构投资者（公司、经销商、外国投资者和共同基金）所做的交易。他们的研究结果显示，散户投资者整体上遭受每年3.8%的损失，相当于台湾地区GDP的2.2%；机构投资者则享受每年1.5%的收益，其中外国机构投资者获利近一半。在样本期间内（1995—1999年），台湾股市是世界第十二大金融市场。与其他关于散户交易的研究一样，这项研究也表明散户交易活动在个人交易者之间是同向相关的。此外，短期内的价格不稳定会导致散户投资者遭受巨大的经济净亏损。

另有多项研究检验散户投资者的表现。总体上，研究结果至少对散户投资者来说不是一个好消息。散户投资者作为一个群体倾向于一致行动，但这些交易通常会导致净亏损（Barber and Odean, 2015）。一些研究报告指出，虽然一小部分散户投资者拥有稳定的交易技能[1]，但普遍且典型的事实是，散户交易导致价格的不稳定，散户投资者趋向于输给机构投资者。这

---

[1] 例如，Ivkovic and Weisbenner (2005) 发现，个人投资者持股当地公司的业绩表现特别好。Ivkovic et al.(2008) 指出，持有集中投资组合的散户投资者表现也很好。同样，Coval et al.(2005) 发现，一些散户投资者系统性地优于其他投资者。

些研究结果表明，散户投资者（非专业人士）之间的相关交易至少是投资者情绪的一部分。①

3.6.2 共同基金

散户投资者不是噪声交易者的唯一来源。越来越多的研究发现，持有美国股票市场份额超过 40% 的共同基金（MF）对系统性的价格不稳定交易也负有责任。

Coval and Stafford（2007）的研究发现，由共同基金交易造成的机构性价格压力是可以被提前预测的。他们使用 1980—2004 年的 13-F 季度报告中的共同基金持仓数据，发现出现大量资本外流的共同基金往往会减少现有头寸，这对那些被这类面临资金困境的基金共同持有的证券造成向下的价格压力。与此同时，经历大量资本涌入的基金往往会增大现有头寸，从而对所持有的股票产生向上的价格推力。

Frazzini and Lamont（2008）和 Lou（2012）的两项相关研究使用不同方法构建股票层面的共同基金流量变量，也发现了类似的现象。这两项研究都表明这类价格效应持续时间（两个季度）比较长，并且需要多个季度（在 Lou 的例子中甚至需要几年）才会反转。在所有情况下，共同基金的持仓记录表明，"受欢迎"的股票在短期内会出现上涨的价格走势，随后在更长的时间里会出现价格反转。在这两项研究中，由资本流动引发的

---

① 关于散户投资者行为的文献很多，我们有选择地关注与市场定价和投资者情绪主题最相关的研究。更广泛的文献研究散户投资者的诸多行为偏差，如过度自信、处置效应、过度激进交易和有限注意力。有兴趣的读者可以参阅 Barker and Odean（2015）。

收益模式在统计学和经济学意义上都是显著的。

为什么精明投资者不能根据可预测的共同基金资金流进行反向交易呢？事实上，一些投资者正是如此操作的。Shive and Yun（2013）从13-F文件中辨识出部分很可能是对冲基金的机构投资者，发现这些基金正是根据可预测的共同基金资金流进行反向交易而获利。具体而言，他们发现基于可预测共同基金资金流的反向交易中，交易每增大1个标准差，该对冲基金的年化四因子超额收益率（alpha）就增长0.9%。这个证据表明，至少有一些对冲基金能根据可预测的共同基金资金流进行交易。在整体层面上，共同基金资金流仍预示着未来的低收益率，这一事实表明整体而言对冲基金交易不足以完全抵消共同基金资金流对价格的影响。

Arif et al.（2015）在高频交易中找到了类似的证据。在一家大型交易—成本咨询公司汇总的共同基金交易数据中，Arif et al.（2015）构建了一个共同基金资金流的日度定向衡量指标（共同基金买入总量 - 共同基金卖出总量）。他们发现，总体上共同基金资金流有着强烈的价格不稳定性——共同基金所购买（抛售）的股票要承受向上（向下）的价格压力，从而导致股价在未来几周持续上涨（下跌），以及随后发生持续数月的价格反转。此外，Arif et al.（2015）发现卖空者可以使用下面的操作从共同基金的交易中获利：当共同基金买入股票时卖空者增大空仓，当共同基金抛售股票时卖空者减少空仓。共同基金和卖空者之间的负相关性产生了从共同基金到卖空者的巨大的"财富转移"。

Akbas et al.（2015）也发现共同基金资金流动是价格不稳定的源泉之一，并且对冲基金能从资金流动中获利。将季度共同

第 3 章
噪声交易与投资者情绪

基金流动作为"傻瓜"资金的代理变量,将对冲基金流动作为"聪明"资金的代理变量,他们发现共同基金流动加剧了众所周知的股票收益异象(如资产增长、应计异象和动量效应),而对冲基金资金流动则会弱化这些市场异象。

为什么共同基金会犯这些错误?Brown et al.(2014)就这个问题给出了一些看法。他们认为共同基金会对卖方的股票推荐作出反应。具体来说,共同基金会"随波逐流"地购买(抛售)被分析师升级(降级)的股票。因此,被分析师升级(降级)的股票会经历同季度的上涨(下跌)走势,同时伴随之后剧烈的价格反转。他们将这种效应的大小与基金经理的职业发展有关的代理变量联系起来,发现共同基金经理跟随股票分析师建议进行交易的部分原因是保护自己不被指控违反"谨慎性原则"。

总而言之,越来越多的文献显示,总体上共同基金的交易是价格不稳定的源泉之一。我们现在有充足的证据表明,共同基金交易会驱动短期的价格走势,并使价格在未来发生反转(Puckett and Yan, 2013; Brown et al., 2013; Arif et al., 2015; Lou, 2012; Lee, 2015; Lou, 2012)。一些对冲基金和卖空者似乎会根据这种非基本面的需求进行反向交易,但他们的交易不足以完全消除这种影响。[①]

[①] 一个悬而未决的问题是,共同基金经理是不幸地受到散户投资者情绪的影响,还是他们自身的行为导致其业绩不佳。显然,一些共同基金表现不佳是由散户投资者情绪驱动的流动性交易造成的。然而,共同基金随波逐流的交易行为也可能是由于过度依赖一个共同的投资信号(Brown et al., 2013)或过度僵化的日常交易模式(Arif et al., 2015)。这似乎是未来研究的一个有趣的方向。

3.6.3 其他投资群体

我们能很容易地得出结论：散户投资者和共同基金经理是造成价格不稳定的主要甚至仅有的罪魁祸首，而如对冲基金这样更精明的投资者则总是矫正市场的力量。不幸的是，没有理论和实证证据支持这样简单的论断。

理论上，当理性套利者预期未来价格会进一步偏离基本面价值时，他们所做的交易也可能破坏价格稳定。Hart and Kreps (1986) 发现，即使所有投资者都是理性的并且有着一致的预期，套利活动也不总能"稳定"价格。同样，DeLong et al. (1990b) 表明，当噪声交易者遵循正反馈策略（追涨杀跌）时，理性投资者事实上可能更喜欢利用泡沫而非消除泡沫。

与这些预测一样，Brunnermeier and Nagel (2004) 发现，20世纪90年代后期，一些对冲基金因在科技泡沫中反向交易而遭受了巨大的损失和净赎回。随着错误定价程度的加深，其中一些基金在2001年泡沫破灭之前就被迫关闭。他们还发现，其他的一些对冲基金不仅没有执行纠正股价的交易，反而大量买入被高估的科技股。基于动量的策略在主动基金经理中很受推崇，表明这种（破坏价格稳定性的）行为并非罕见（Daniel et al., 1997; Asness et al., 2014）。

另外，甚至对冲基金也是系统性偏误的受害者。例如，Mitchell et al.(2002) 发现，围绕并购公告进行交易的专业投资者也存在从众行为。他们估计在股权融资的并购中，收购方在公告期间内近一半的负面股价反应是由并购中的卖空套利者带来的价格下行压力所造成的。在这种情况下，卖空者正在进行过度的交易，这会导致他们事后亏损。因此，即使是精明的并购卖空套利者也可能会破坏价格稳定，同时自己也深受其害。

总而言之，上述证据表明，散户投资者、共同基金和对冲基金都会促成投资者情绪。这些次优交易模式更多的是说明了矫正信息的难度，而不是大规模的非理性。即便对于精明投资者而言，想知道他/她的私人信号是否已经被价格包含也是一个挑战（Stein，2009）。在一个充满噪声的市场里，我们每个人都是噪声交易者。

3.7 度量投资者情绪

学界一直付诸努力以找到有效的投资者情绪度量方法。正如 Baker and Wurgler（2007）在文献综述中提到的：

> 与几十年前不同，现在我们面临的问题不再是投资者情绪是否影响股价，而是如何度量投资者情绪并量化其影响。

在 Baker and Wurgler（2007）中，他们还就度量投资者情绪的共同性问题进行了有价值的讨论：

> 投资者情绪的外部冲击可能会导致一连串事件的发生。原则上，在这些一连串事件中的任何部分，我们都能观察到这一外部冲击。例如，它可能首先出现在可观察到的投资者信念中。这些信念可能会转化为可观察到的、能够被记录下来的股票交易模式。有限套利意味着这些需求压力可能会导致一些错误定价，

而用诸如账面市值比这样的指标衡量基本面价值则可以从中观察到这些错误定价。错误定价可能会引起一些拥有信息的内部人士（如公司高管）的反应，他们既在信息上有优势，又在利益驱使下有动机去采取行动。而对于公司，我们可观察到的形式是调整股权债务比例。

上述讨论的度量投资者情绪的四个关键要素是：信念修正（通过消费者信心等事项的调查问卷来度量），交易决策（用投资者资金流量或总交易量来度量），错误定价（比较价格与基本面价值的估计值来度量，或者首次公开募股的定价），精明投资者的反应（用公司行为或内幕交易来度量）。

上述四个要素中的每一个都能在文献中找到来源。第一，通过对个人或公司管理者信念的调查问卷来度量投资者情绪（Lemmon and Portniaguina，2006；Ho and Hung，2009；Lamont，2000）；第二，利用投资者资金流动来捕捉市场层面的情绪（Nelson，1999；Dichev，2007；Ben-Rephael et al.，2012）；第三，多种基于价值的市场因子具有预测市场整体收益率的能力（Campbell and Shiller，1988b；Kothari and Shanken，1997；Lee et al.，1999）；第四，股票市场不同状况下的公司行为也在一定程度上反映了投资者情绪波动，例如股权与债务融资的相对比例（Baker and Wurgler，2000）以及公司总投资额（Arif and Lee，2015）。

Baker and Wurgler（2006，2007）集结前人智慧，设计了由六个潜在投资者情绪代理变量组成的市场情绪综合指数，分别为封闭式基金折价率、纽约证券交易所股票换手率、首次公开募股数量和平均首日新股收益、股权融资占总发行的比例、股利溢价。对于每一个代理变量,他们分别回归到一系列经济周期变量,并对六个时间序列残差提取第一主成分,从而形成最终的市场情绪综合指数。他们发现,这种市场情绪综合指数与过去市场情绪波动事件大致相符。

Baker and Wurgler(2006, 2007)还检验了这种市场情绪指标对横截面资产定价的影响。根据噪声交易者理论(Shiller, 1984;DeLong et al., 1990a),他们假设每家公司的收益对市场情绪的敏感性是一个与套利成本有关的函数,更难被套利的公司具有更高的"情绪贝塔"。与假设预期一致,他们在横截面收益率中发现了一个惊人的"情绪跷跷板"效应,其中难以被套利(容易被套利)公司的收益率对市场情绪有正(负)的因子暴露。Baker et al.(2012)分别对五个发达国家(加拿大、日本、德国、法国和英国)构建了情绪指数,也发现了类似的"情绪跷跷板"效应。

Huang et al.(2015)针对原始的市场情绪综合指数提出了一个有用的计量经济学修正。他们用偏最小二乘方法(而不是主成分分析法)加总这六个情绪代理变量,计算出一个新的指数。该指数可以更全面地消除代理变量中共有的噪声成分。他们的测试表明,这种更准确的市场情绪指数具有更强的预测总体股票市场收益的能力。该市场情绪指数对按行业、市值规模、价值和动量分类的横截面收益率也具有预测能力。

Arif and Lee(2015)进一步改进市场层面的投资者情绪的度量。与情绪驱动型商业周期的存在一致,Arif and Lee(2015)发现,企业投资总额在情绪高涨期间达到顶峰,但随后则会进入低迷的股票收益率时期。这种模式在大多数发达国家都存在，即便控制多种因素仍是如此。更高的总投资额意味着更令人失望的盈余、更低的短期盈余公告收益率及更低的宏观经济增长。将现有分析模型分为四组（见本章附录），Arif and Lee (2015) 指出，单独研究股票收益率是难以区分第 1 组和第 2 组的。考虑到投资者情绪变量的时间序列信息，以及对未来现金流"冲击"的预测能力，Arif and Lee (2015) 总结道，企业投资总额或许是市场层面情绪更准确的代理变量。

总而言之，先前的研究使用信念修正（如调查问卷）、交易决策（如投资者资金流量或总交易量）、错误定价（如估值因子和首次公开募股定价）和精明投资者反应（如股票发行、企业投资和内幕交易）等因子来度量市场层面的投资者情绪。

3.8 公司层面情绪

在横截面（同时期不同公司）中，单个公司对市场层面情绪具有不同的敏感性（每家公司都有自己的"情绪贝塔"）。例如，在 Shiller (1984) 中，这些"情绪贝塔"被精明交易者为消除噪声交易者的影响而要求的溢价所反映，这些溢价也被我们宽泛地称为"套利成本"。席勒模型预测，套利成本较高的公司对市场情绪变动更敏感。实证上，Baker and Wurgler (2006, 2007) 发现，难以套利（规模更小、波动更大、流动性更差）的公司确实对市场层面情绪指数更为敏感。他们的研究为这一预测提供了有力的支持。

然而，理论上，非基本面需求并不局限于市场整体。只要拥有相同错误信念的噪声交易者共同影响价格,投资者情绪就存在。因此,我们可以预期非基本面需求能影响任意资产或资产组合的定价。非基本面需求可以在不同行业(如电子商务业、生物科技业或者消费耐用品业)、地区(如国内与国外、亚洲与欧洲)或投资风格(如价值型与成长型、低波动性与高波动性)股票之间的相对定价中发挥作用。当某些行业、地区或投资风格变得"热门"时,资金就会涌入,导致初期价格上涨,随后收益反转(Barberis and Shleifer,2003)。

非基本面需求也会从公司层面的错误定价中反映出来。例如,有关投资者情绪的文献研究了信号显著性和统计可靠性对投资者的影响,它们可能使投资者倾向于高估或低估单个信号。在心理学研究(比如 Kahneman and Tversky,1974;Griffin and Tversky,1992)的引领下,研究人员观察到,投资者倾向于高估公司层面那些更突出或更引人注目的信号(比如 Barber and Odean,2008;Hirshleifer et al.,2009;Da et al.,2011;Engelberg et al.,2012b),同时低估那些统计上可靠但不太显著或更难理解的信号(比如 Della Vigna and Pollet,2007;Gleason and Lee,2003;Giglio and Shue,2012;Cohen and Lou,2012;Cohen et al.,2013a,2013b;So,2013)。这些例子大多涉及增加的任务复杂性和/或有限的投资者注意力,这些将在第 5 章中有关套利限制部分进行更详细的讨论。

大量的会计学研究检验了在面对不同类型的公司特定信息时市场的反应过度和反应不足。这些证据表明,投资者未能充分利用与公司未来前景有关的公开信息。因此,这些研究也可以被看作揭示投资者情绪的方式,即便它们没有使用投资者情绪这一术语。在下一节中，我们将在价值投资框架下对这一领域的文献进行总结。

3.9 投资者的心情与情感

最后，在结束本章之前，我们回顾在投资者情绪这一领域新发展起来的一个有趣的研究问题——投资者的心情与情感。Hirshleifer（2015）指出：

> 20世纪90年代，心理学"情感革命"阐明了情感在决策制定中的核心作用，但仅有部分被纳入行为金融研究。我们需要更多的理论和实证研究以了解情感如何影响财务决策，以及这种影响对价格和实际结果的作用。这些议题包括与借款/存款、风险承担以及从其他市场参与者身上获利的决策有关的道德观念。

Hirshleifer 呼吁"从行为金融学到社会金融学和社会经济学"的转移。他写道："行为金融学侧重于个人层面的偏见，而社会金融学则提供同等的有关社会层面和个人层面的基本面见解，并将成为行为金融学的有力后继者。"（Hirshleifer，2015）

我们如何衡量投资者的心情呢？一种方法是使用调查问卷，比如 Shiller（2000）和 Hong et al.（2004）。另一种方法是识别一些同时对许多人产生普遍影响的外生冲击。例如，Saunders（1993）和 Hirshleifer and Shumway（2003）研究了阳光对平均股票收益率的影响；Cao and Wei（2005）检测了八个国际市场上温度的作用；Kamstra et al.（2003）分析了可得日光的影响；Yuan et al.（2006）探索了月球周期的影响。在所有这些研究中，心情指标是一个不可能被市场周期影响的外生连续变量。

阳光效应似乎特别稳健。Saunders（1993）首先发现，当纽约市阴天时，纽约证券交易所的指数收益率往往是负的。阴天程度与收益的负相关性在多种股票指数和回归方程中都是稳健的。Hirshleifer and Shumway（2003）将 Saunders（1993）的分析扩展到全球 26 个证券交易所，结果表明，国家主要证券交易所的早晨阳光与日股票收益率密切相关。即使考虑交易成本，基于天气的交易策略也能提高收益率，当然这种套利机会并不是无风险的。这个证据与阳光影响心情、心情影响价格的逻辑一致。①

另外一些有趣的研究聚焦于日光对投资者情绪和风险承受能力的影响。Kamstra et al.（2003）首先调查了日照时长的季节变化对南北半球不同纬度上各个国家的股市指数收益率的影响。基于心理学文献记录的每日可得光照与季节性情绪失调（SAD）之间的强相关关系，Kamstra et al.（2003）认为由短日照时长造成的忧郁沮丧心情会转化为更大程度的风险厌恶。与这一预期一致，Kamstra et al.（2003）发现秋季和冬季（日照时长较短的季节）的股权收益率较高，基于季节变化的年化收益率差距高达 12%。相较于北半球，南半球的市场形式错位了 6 个月，更高纬度的市场显示出更显著的季节性情绪失调效应。

最近，Kamstra et al.（2013）发现，共同基金的总投资流量数据也表现出秋季偏好低风险（美国货币市场和政府债券）基金、春季偏好高风险（股权）基金的模式。在澳大利亚的基金

---

① Novy-Marx（2014）讥讽了这些结果。他半开玩笑地说，也可由全球变暖、太阳斑点、政治和行星轨迹的预测能力得到类似的证据。

资金流向中也发现了类似的模式,但与加拿大和美国市场的同类现象相差 6 个月。Kamstra et al.(2014)对这一领域的文献提供了一个迄今为止非常精彩的总结。总的来说,这些季节性资产配置模式为我们提供了对市场总体交易行为无比清晰的认识,即总体交易行为似乎能很好地契合心理学研究。

另一组研究关注体育赛事情绪与股票收益的关系。Edmans et al.(2007)观察到:"与使用连续变量的方法相比,事件研究法的主要优点是它能清楚地识别出投资者情绪的突然变化,这类投资者情绪的突然变化会给收益带来一个很大的信噪比(signal-to-noise)。而事件研究法的主要缺点是可观测的信号数量往往较少,从而降低了统计效力。"[①]

在阐述研究动机时,Edmans et al.(2007)引用了大量心理学文献证明体育赛事结果对心情有显著影响:

> Wann et al.(1994)记录了当球队发挥良好时,它们的球迷通常会欣喜若狂;而当球队发挥失常时,球迷们则悲痛欲绝。更重要的是,这种情绪会蔓延从而增强或削弱自尊心,甚至让人们对生活产生积极或消极的感受。Hirt et al.(1992)发现,印第安纳大学学生在观看一场本大学篮球队胜利的赛事后,他们对自己

[①] Kamstra et al.(2000)使用多个国家的数据研究发现,在夏令时周末的周五到周一期间的收益会显著低于其他周末。他们把这个现象归因于与时令改变有关的睡眠习惯紊乱。Pinegar(2002)对这一证据提出质疑,随后 Kamstra et al.(2002)又针对该质疑作出回应。他们的争论集中在异常值所产生的影响,对实证结果则表示认同。

表现的评估会显著提升。Schwarz et al.(1987) 发现,德国在1982年世界杯上两场比赛的结果大大改变了德国公民对自己幸福感和国家问题的看法。

Schweitzer et al.(1992) 的相关研究表明,在观看美式橄榄球比赛电视直播的观众中,获胜队球迷对1990年伊拉克发生战争的可能性及其潜在伤亡的评估会显著低于失败队球迷。心情的变化也会影响经济行为。Arkes et al.(1988) 发现,在俄亥俄州立大学橄榄球队胜利之后,俄亥俄州的彩票销售量大大增加。这些证据表明体育结果不但影响人们对自身能力评估的乐观或悲观程度,而且影响人们总体上对未来生活的态度。我们假设它们也会影响投资者对未来股票价格的看法。

Edmans et al.(2007) 用国际足球比赛成绩作为主要的心情指标,发现在足球比赛失利后市场表现大幅下滑。例如,世界杯淘汰赛阶段的失败会使次日平均股票异常收益率达到负的49个基点。这种损失效应在盘面更小的股票和更重要的赛事中更加显著,而且这一现象面对多种研究设计的变动也是稳健的。他们还发现在国际板球、橄榄球和篮球比赛后也存在类似的有统计学意义但损失较小的现象。但是在这些比赛中,没有发现比赛胜利后会产生相应的市场反应。有意思的是,即使在赛前高度预期比赛会失败,这种比赛效应也不会提前反映在股票指数中。

总而言之,之前的部分研究证明了各种心情指标和股票收益之间似乎存在某种稳健的相关性。Kamstra et al.（2003）发现的季节性模式尤其有趣。随着世界各地的投资者流量数据变得越来越容易获得，我们希望有更多的研究关注投资者心理因素如何影响股票收益。

3.10 小　结

在大多数经济学理论中，资产价格是供求关系的函数。价格变动表明了供需总量不平衡，揭示了市场对稀缺或过剩的反应。大多数经济学家不会将梵高画作价格的上涨视为关于"基本面价值"的信号。当然，大部分人也不会从某一件特定艺术品价格的变动中得出和梵高画作的市场定价效率有关的结论。

但是，当涉及公开交易的公司时，经济学家就会期望从市场价格中得到更多的信息含量。我们通常假定股票价格能迅速反映所有的"基本面信息"，期望价格发现机制可以从无信息含量的谣言和影射中快速辨识出这些基本面信息。以这样的假设作为起点，研究者在面对收益不符合任何合理的价值变化时时常会感到惊讶。

本章所讨论的投资者情绪文献提醒人们，金融学仍然属于经济学。现在大量的证据表明，推动股票价格波动的供需失衡不仅来自与公司基本面有关的消息，也来自每日非基本面因素的作用。

只不过学术上的傲慢（我们对资产定价模型的过度自信）蒙蔽了我们的双眼，使我们无法发现市场中这个最明显的事实。

附录　当市场存在噪声下管理层的决策

下图总结了现有的市场存在噪声下管理层的决策模型。总的来说，这些理论可以分为两组，每组又有两个分支。

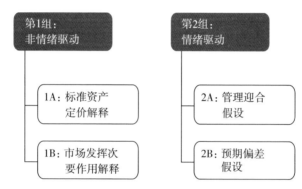

资料来源：Arif and Lee（2015）。

第 1 组：非情绪驱动理论

这组理论模型将投资与收益之间的负相关关系归因于随时间波动的折现率，并且要么假设股价有效（1A：标准资产定价解释），要么假设市场错误定价与投资决策无关（1B：市场发挥次要作用解释）。在这些模型中，公司管理者行为遵从理性，投资者情绪则无关紧要。这是因为要么价格有效（Cochrane，1991；Carlson et al.，2006；Lyandres et al.，2008），要么公司管理者能理性地最大化公司长期价值并无视任何短期情绪的波动，如 Stein（1996）的长期案例。

第 2 组：情绪驱动理论

这组理论模型认为投资者情绪可能会影响实际管理决策。出现这种现象的原因，要么是管理者理性地利用了市场错误估值（2A：管理迎合假设），要么是管理者自身陷入了市场兴奋（2B：预期偏差假设）。管理迎合理论的根源在于管理规划有期限资产的理性管理者关心暂时的价格偏差，如 Stein（1996）的短期案例。预期偏差理论则假设总投资决策可能受到致使市场参与者同一波情绪波动的影响。

第 4 章
度量公司价值：基本面分析的作用

本章介绍权益估值，目的是架起价值投资理论与实践之间的桥梁。我们会回顾一些基于会计的估值理论，用以阐释股票"优质"与"廉价"之间不可分割的联系。

接着，利用这些理论框架，我们讨论价值投资的本质，并从基于会计的估值理论的角度理解市场有效性。通过资产管理行业的例子，我们阐明了权益估值在投资决策中发挥的关键作用。同时，在学术领域，研究历史会计数据对股票收益的预测能力的论文不少，研究结论看似千差万别，但事实上其隐含的逻辑均与本杰明·格雷厄姆、沃伦·巴菲特和乔尔·格林布拉特等传奇人物的投资理念不谋而合。

最后，本章探讨价值投资在未来是否仍可以持续获利。为此，我们对学术文献中提出的有关价值投资长期有效性的可能解释（包括风险、偏好、人类行为、制度和摩擦）进行检验。

4.1　综　述

价值投资是指基于公司的市场价格与内在价值之间的差距买卖股票。那么，公司的内在价值是什么？这里给出一个简单且相对无争议的定义：

> 公司的内在（股权）价值是股东预期的未来收益的现值。

不同于稀有艺术品，股票通常被认为具有内在价值。梵高画作的内在价值很难被清晰定义——大致而言是人们愿意支付的价格，但当投资者对股权进行估值时，会考虑与该股权预期未来收益现值之和对应的货币价值。毕竟，每一股股份都对应着一家持续经营公司的部分所有权。总的来说，与其他带来非货币收益的资产（例如，我们居住于居所的消费价值，或者拥有一幅画作的乐趣）不同，股权价值来自它赋予股东对公司未来现金流的所有权。估算这些未来现金流是价值投资不可分割的一部分，因为其提供了一套度量公司价值的标准，而这种标准可以挑战或者规范现在的市场价格。

价值投资者购买那些价格低于内在价值的股票，并抛售甚至卖空价格高于内在价值的股票。资产定价实证研究文献中呈现的最显著的规律之一是：价值投资始终与正的超额收益相关。实证学术研究和专业资产管理实践似乎都证实了这一点。金融和会计领域的大量研究显示，估值乘数小、资产负债表稳健、现金流持续性好、盈利能力强、波动性低、贝塔值（市场相关程度）低、破产风险小的公司，实际上带来更高而非更低的未来股票收益。我们将这类横截面收益模式统称为"价值效应"，它由哥伦比亚大学著名学者本杰明·格雷厄姆首次发现，并最早于1934年提出。随后的八十多年间，价值效应的诸多影响因素在大量的学术研究中逐步得到证实和重新发现。

许多学者和金融从业者的一个常见误解是，"价值"等同于

"廉价"。因此，在许多学术研究中，"价值股"被简单地定义为估值乘数较小的股票——较低的市净率（M/B）、市盈率（P/E）和现金流价格比（CF/P）等。[①] 本章阐明了理性的价值投资不仅仅是发现"廉价"的股票，它要求找到以合理价格交易的"优质"股票——基本面强的公司。我们将举例说明成功的专业投资者如何使用会计指标来辨识优质股票，近年来的很多学术研究成果实际上都能帮助价值投资者找到那些价格合适的优质股。

在本章的余下部分，我们将回顾价值效应的理论基础，并总结证明其存在的大量证据。但在进行理论探讨之前，请让我们以一个例证作为引子，这一例证摘自本杰明·格雷厄姆的著作。

4.2 量化投资者——本杰明·格雷厄姆

詹姆斯·雷亚（James Rea）（1977）深情地致敬并回忆了他亦师亦友的好朋友——格雷厄姆。除了讲述他们深厚的友谊，雷亚还提到两人在格雷厄姆生前一直研究的一个简单的股票筛选策略。这一策略基于十个公司层面特征，其中七个是格雷厄姆提出的，其余三个是雷亚提出的。[②] 根据这一股票筛选策略，符合以下十个特征的股票是值得投资的：

[①] 例如，Fama and French（1992）和 Lakonishok et al.(1994)。
[②] 感谢 Richard Sloan 教授向我们介绍 Rea（1977）这篇文章。我们注意到，这一股票筛选策略与 Damodaran（2012）提到并归功于经典文献 Graham and Dodd（1934）的策略是基本一致的。

1. 收益价格比（earnings to price ratio）是 AAA 级债券收益率的 2 倍。

2. 股票市盈率（P/E）在过去五年中低于所有股票平均市盈率的 40%。

3. 股息收益率 > AAA 级公司债券收益率的 2/3。

4. 价格 < 有形资产账面价值的 2/3。

5. 价格 < 流动资产净值（net current asset value, NCAV）的 2/3。流动资产净值等于包括现金在内的流动资产减去流动负债。

6. 债务权益比率（账面价值）必须小于 1。

7. 流动资产 > 流动负债的 2 倍。

8. 总负债 < 净流动资产的 2 倍。

9. 过去十年中每股收益（EPS）的历史增长率大于 7%。

10. 过去十年中盈余下降的年份不超过 2 年。

在介绍这种股票筛选标准时，我们要求学生将这十个条件分为两类：将具有共同点的五个条件归为一类，其他五个条件归为另一类。如果你仔细观察这些条件，就会发现十个条件其实可以很自然地分为两组：前五个与后五个似乎分别存在紧密的联系。

你或许会发现，前五个条件都是"廉价"的衡量因素。条件 1—2 比较公司股价与财报收益，鼓励我们购买市盈率（P/E）低于某一阈值的股票。条件 3—5 分别比较股价与股息、账面价值和流动资产净值。总而言之，前五个条件都指导我们挑出当前股价低于财报信息所揭示的价值的股票。

第 4 章
度量公司价值：基本面分析的作用

后五个条件与前五个不同，它们不涉及股价。我们可以将后五个条件视作衡量公司是否"优质"的指标。请注意，这些条件均基于纯粹的会计因子——财务比率或增长率，均是基于会计数据的比率。条件 6—8 衡量债务（或杠杆）比率及短期流动性（或偿付能力），条件 9—10 衡量公司历史盈余增长率和增长的持续性。简而言之，格雷厄姆想要购买一段时间内杠杆比率低、偿债能力强、持续高增长的公司。他认为，优质公司是高增长、低杠杆、流动性好的公司。

格雷厄姆的这一策略是否有效？几年前，斯坦福大学 MBA 学生贝卡·莱文（Becca Levin）设计了一套基于格雷厄姆策略的更新版本。莱文采用与格雷厄姆相同的基本指标，但更新了若干指标（例如，用自由现金流量收益率替代股息收益率；只要求盈利五年保持增长，替代之前要求的十年），我们设置回测区间为 1999 年 1 月 2 日至 2013 年 11 月 9 日，用大约 14 年的美国公司数据对这一策略进行回测。

莱文-格雷厄姆策略实施起来很简单。具体来说，公司每满足一个条件，我们就给该公司加 1 分；最好的公司可能获得最高的 10 分，最差公司的得分可低至 0。在每季度开始时，所有公司根据莱文-格雷厄姆得分高低分成 10 组。接着，我们计算这 10 个投资组合未来三个月的等权收益率。回测数据依据 Compustat 数据库中"公司披露"的财务数据进行计算，保证策略不存在幸存者偏差或财务重述问题，所有变量均根据投资组合形成时可获得的公开数据计算（不存在"偷看未来"偏差）。为了剔除流动性不足的股票，回测只包括每股价格在 3 美元以上的公司，结果如图 4.1 所示。

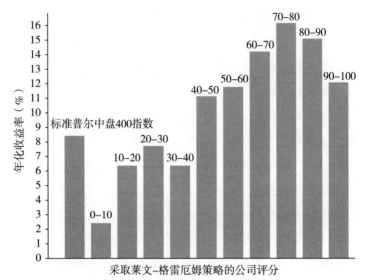

图 4.1　1999 年 1 月 2 日至 2013 年 11 月 9 日莱文-格雷厄姆策略的投资组合收益率

注：图 4.1 描绘了 1999 年 1 月 2 日至 2013 年 11 月 9 日使用美国公司数据进行回测的结果。在每个季度初期，根据莱文-格雷厄姆得分将公司分为 10 个投资组合。公司每满足一个条件加 1 分，最好的公司可获得最高的 10 分，最差公司的得分可低至 0。这幅图展现了 10 个投资组合未来三个月的平均等权收益率（年化收益率，假设每季度调仓）。最左列是同期标准普尔中盘 400 指数（市值加权）收益。所有变量均依据投资组合形成时可获得的公开数据计算，在 Compustat 和 CRSP 数据库中且股价在 3 美元以上的公司均包含在内。

图 4.1 展示了 10 个投资组合未来三个月的平均等权收益率（年化收益率，假设每季度调仓）。① 最右列表示得分最高组的

---

① 价值投资者可以采用两套类似的策略。第一套是基本面导向的价值策略，如上面提到的莱文-格雷厄姆股票筛选方法，它们更侧重于比较公司的价格和价值之间的差异。第二套是系统化的价值策略，比较同期横截面相关公司的估值指标。参阅 Lang and Lundholm（1996）关于这些策略影响价格形成的潜在差异的讨论。

平均等权收益率,以此类推。第 1 列(最左列)是同期标准普尔中盘 400 指数(市值加权)收益,用作比较参考。八十多年前的选股标准竟然能继续预测 21 世纪的股票收益!一般来说,优质而廉价的股票在未来三个月内将获得更高的收益。在年化的基础上,得分最高两组的平均年化收益率约为 14%,而得分最低两组的年化收益率只有 5% 左右,两类股票年化收益率差额高达 9% 或相当于季度调仓的 2.25%。作为对比,同期标准普尔中盘 400 指数的年化收益率只有 8.5%。虽然 10 组投资组合的收益并不是单调增长的,但总的来说,我们看到即使在世界上最有效率的股票市场上,最近 14 年间优质而廉价的股票也能获得更高的收益。

4.3 简单的理论模型

我们如何解释上一节发现的现象?这是美国历史上一个不寻常的时期吗?为了更进一步,我们有必要介绍一些简单的估值模型。

剩余收益模型

20 世纪 90 年代初期到中期,詹姆斯·奥尔森(James Ohlson)撰写了一系列关于权益估值的有影响力的文章,也就是著名的剩余收益模型(RIM)。①剩余收益模型源于金融经济学家

---

① 参阅 Ohlson(1990,1991,1995)和 Feltham and Ohlson(1995)。

早期的工作。① 虽然最初的模型在奥尔森开展研究之前的几十年就出现了，但他让许多学者重新意识到剩余收益模型作为一种理解会计数据与公司价值之间关系的方法是十分重要的。②学术文献中剩余收益模型最常见的表达形式为：公司价值等于现有账面价值加上未来预期超额收益，具体公式为：

$$P_t^* = B_t + \sum_{i=1}^{\infty} \frac{E_t(NI_{t+i} - r_e^* B_{t+i-1})}{(1+r_e)^i}$$

$$= B_t + \sum_{i=1}^{\infty} \frac{E_t[(ROE_{t+i} - r_e^*)B_{t+i-1}]}{(1+r_e)^i} \quad (4.1)$$

其中，B_t表示第t期的账面价值，$E_t[\cdot]$表示基于第t期可得信息计算的期望值，NI_{t+i}表示第$t+i$期的净利润，r_e表示权益资本成本，ROE_{t+i}表示第$t+i$期账面权益的税后收益率。③ 在公式（4.1）中，第t期的剩余收益（RI）定义为第t期的收益减去初始资本的正常收益。公式为：$RI_t = NI_t - (r^* B_{t-1})$。因此，剩余收益反映了期间$t$的"价值提升增长"，即公司盈利中

---

① 参阅 Preinreich (1938)、Edwards and Bell (1961)、Peasnell (1982) 和 Lehman (1993)。

② Bernard (1995)、Lundholm (1995) 和 Lee (1999) 对奥尔森的研究成果的影响进行了讨论。许多优秀的著述也详细讨论了模型实施的细节，如 Healy and Palepu (2012)、Penman (2010, 2012) 和 Wahlen et al. (2010)。奥尔森经常强调，剩余收益模型若缺少额外的假设则会失去效果，如 Ohlson (1995) 的线性信息动态模式假设。

③ 在公式（4.1）中，第t期的剩余收益被定义为第t期的收益减去期初资本的正常收益：$RI_t = NI_t - (r^* B_{t-1})$。同样，应注意公式（4.1）指的是预期股本收益率（ROE），严格意义上并不等于预期收益与预期账面价值之比。数学推导可参阅后续研究（Penman, 1991）。

第 4 章
度量公司价值：基本面分析的作用

超过公司利用现有资产为基础按照权益资本成本正常赚取的部分。

剩余收益模型吸引人的一点是，我们可以用现有财务报表中的数据表示公司价值——公司未来现金流量的现值。事实上，用一支铅笔和一些高中代数知识，我们就能很容易地证明公式（4.1）只是加入了"净盈余关系"①的股利折现模型的另一种表达形式。

现在先忽略公式（4.1）右侧的具体细节，我们注意到公式（4.1）将公司价值分解成两部分：

$$\text{Firm Value}_t = \text{Capital}_t + \text{PVRI}_t \qquad (4.2)$$

其中，Firm Value_t 为第 t 期公司价值；Capital_t 为第 t 期资本或初始投入资本，用第 t 期的账面价值表示；PVRI_t（present value of residual income）为第 t 期未来剩余收益现值。

公式（4.2）强调了公司价值（现在公司值多少钱）总是与两部分有关：投入资本（现在投入的资产基础）和未来剩余收益的现值（这份资产将如何变动，即我们对未来价值增长的预期）。

事实证明，初始投入资本的确没有那么重要（Penman，1996，1997）。在公式（4.1）中，当前账面价值被当作初始资本，但其实我们可以选择任意的数值作为初始资本。只要我们

---

① 净盈余会计关系需要计算所有影响初始资本波动的亏损或收益。简而言之，资本基准的任何变化都必须来自当期收益或净资本流动。例如，如果我们将初始资本基准定义为年初账面价值，则年末账面价值必须等于年初账面价值加上收益减去净股息（$B_t = B_{t-1} + \text{NI}_t - D_t$）。

的预测服从两个简单的内部一致性规则,公式(4.1)所估算的公司价值就等于公司未来股利的现值。①

后续研究指出,除账面价值外,还有其他方法可衡量资本投入。例如,公司未来一年盈利预测或当年销售收入。② 常规的剩余收益模型告诉我们,针对每种投入资本可以推导出相应的剩余收益现值的等价表达式。换言之,对于每种资本($Capital_t$),我们可以计算一个相应的未来剩余收益现值($PVRI_t$),使得它们相加在数学上等于向股东支付股利的现值。③

剩余收益模型如何帮助我们进行基本面分析?一方面,它让我们深入地了解绩效指标对市场估值乘数的驱动作用。例如,将公式(4.1)的两边同时除以公司的账面价值,我们得到用预期净资产收益率(ROE)表示的市净率(P/B):

$$\frac{P_t^*}{B_t} = 1 + \sum_{i=1}^{\infty} \frac{E_t[(ROE_{t+i} - r_e)B_{t+i-1}]}{(1+r_e)^i B_t} \quad (4.3)$$

---

① 两个一致性要求是:第一,剩余收益的三个要素需要有一致的定义,即给定资本基准($Capital_t$)后,第 t 期的收益($Earnings_t$)必须是第 t 期该资本基准的收益,r 必须是获取该资本基准的成本;第二,这个模型中资本基准的变化必须遵循净盈余关系(clean surplus relation,CSR)。

② 例如,Ohlson and Juettner-Nauroth(2005)和 Easton(2004)在改进的异常收益增长模型(AEGM)中使用未来一年盈利预测($EARN_{t+1}$)作为投入资本基准。Bhoirai and Lee(2002)将公司的市销率(enterprise-value-to-sales,EV/S)作为投入资本基准,并使用剩余收益模型计算出对应的未来剩余收益现值。

③ 虽然都是采用算术推导,但从经济意义来看,显然并不是所有的资本衡量方式都同等合理。关于哪种"现存资本"(capital-inplace)衡量方式可能更合理的全面讨论超出了当前讨论的范围。然而,值得注意的是,在重新评估资产负债表明细项时,给予管理层更大的自由度可能会产生副作用,在同时期不同公司(横截面)和同公司不同时间(时间序列)的分析中均会带来更低的可比会计收益率。

第 4 章
度量公司价值：基本面分析的作用

其中，P_t 表示预期未来股利在第 t 期的现值，B_t 表示第 t 期的账面价值；$E_t[\cdot]$ 表示利用第 t 期可得信息计算的期望值；r_e 表示权益资本成本；ROE_{t+i} 表示第 $t+i$ 期税后净资产收益率。

公式（4.3）表明，公司的市净率（P/B）是预期净资产收益率（ROE）、权益资本成本（r_e）和未来账面价值增长率的函数（未来账面价值增长率本身也取决于未来预期净资产收益率和股利支付率 k）。① 有相似市净率的公司应具有相近的未来剩余收益现值，即公式（4.3）右侧无限项之和。

运用公式（4.3）表示的剩余收益模型，Penman et al. (2014) 阐明了会计数据在股票定价中的核心作用，因为它影响了我们对未来盈余的预期以及之后的盈余增长。从剩余收益模型开始推导，Penman et al.(2014) 首先证明了在没有盈利增长的情况下，权益资本成本会无限逼近公司未来盈余收益率。

当然，在不考虑增长时更容易给公司估值。然而，考虑到盈利增长在同时期不同公司（横截面）之间存在差异，我们需要更细致的估值模型。在考虑增长的情况下，Penman et al. (2014) 的研究框架证明了会计信息对估值至关重要，因为它传递了人们关于盈利增长的预期及其在这些预期下的潜在风险。接下来，我们将概述投资者如何利用剩余收益模型框架给公司估值——运用会计信息了解公司潜在的盈利能力（优质）以及相对于资产价值的价格（廉价）。

---

① 在技术层面上，公式（4.3）中的预期净资产收益率（ROE）本身并不只是预期净利润除以预期账面价值。回顾净盈余关系（CSR），$B_{t+1} = B_t + NI_{t+1} - DIV_{t+1} = B_t[1 + (1-k)ROE_{t+1}]$，预期账面价值增长应是简单的 $B_{t+1}/B_t = 1 + (1-k)ROE_{t+1}$，其中 k 为股息支付率 DIV_{t+1}/NI_{t+1}。

4.4 价值投资的两个要素

这种分析方法给我们的一个重要启示是：价值股不仅是那些相对于初始投入资本较为廉价的公司，还包括相对于未来剩余收益现值更加廉价的公司。至少在学界中，关于价值投资的一个常见误解是：价值投资只是购买相对于初始投入资本而言便宜的股票。例如，许多学术研究（主要来自金融学）将价值股定义为"以较低的估值乘数交易的股票"，例如相对于账面价值、盈利或公司价值的估值乘数，包括市净率（P/B）、市盈率（P/E）或市销率（EV/Sales）。以会计为基础的估值方法说明了这一误解的严重性，因为廉价（以较低的估值乘数表示）只是价值投资的一部分，而且可以说是不那么有趣的一部分。

剩余收益模型框架清晰地指出，公司真正的基本面价值由两个要素组成：公司价值 = 现有资本 + 未来增长。典型"廉价"指标的问题在于：它们只将股票的价格与现有资本（账面价值、资本收益或销售收入）相比，而完全忽略权益估值的第二个要素——未来增长。

从格雷厄姆开始，最成功的基本面投资者一直认为价值投资是由两个关键因素组成：（1）寻找"优质"公司；（2）以"合理的价格"购买它们。简单来讲：

$$价值投资 = 廉价 + 优质$$

公司估值指标是相对于现有资产廉价程度的度量，在价值投资中，估值指标比较容易计算，但相对没有那么有趣。价值投资中更有趣的部分是要求投资者利用各种现有的绩效指标评估公司质量——相对于股价而言公司预期的未来剩余收益的现值。这当然是所谓的基本面分析的核心。最优秀的基本面投资者会在给定廉价水平下选择优质股票。格雷厄姆正是本着这种精神构建了最初的股票筛选标准。回顾"优质"条件（条件6—10），格雷厄姆凭直觉认识到，拥有杠杆比率低、偿债能力强、持续高增长的公司是未来最有可能产生高收益率的选择；或者按照剩余收益模型的说法，他认为这些公司通常拥有较高的未来剩余收益现值。

4.5 来自业界的启示

牢牢记住"廉价 + 优质"这一首要指导原则对于试图了解下列投资者的投资方式非常有帮助，如沃伦·巴菲特、查理·芒格、乔尔·格林布拉特、朱利安·罗伯逊，以及在他们的投资原则指导下成长起来的投资者。例如，非常成功的 Tiger Cub 基金，旗下包括 Lone Pine 资本、Viking 资本和 Maverick 资本，这些基金都发源于 Julian Robertson 的老虎基金（Tiger Fund，1980—2000 年）。下面将以乔尔·格林布拉特为例予以说明。

乔尔·格林布拉特和他的神奇公式

乔尔·格林布拉特是美国的一名学者、对冲基金经理、投资人和作家。像格雷厄姆一样，格林布拉特的职业生涯跨越了学界和华尔街。1985 年，他创立了一家对冲基金——高谭资本（Gotham Capital），专注于特殊机会投资。自 1985 年成立到 1995 年返还外部资本的 10 年间，格林布拉特和高谭资本的共同创始人罗伯特·戈德斯坦（Robert Goldstein）实现了40%的复合年化收益率。在返还所有外部资本后，格林布拉特和戈德斯坦以自有资本继续开展特殊机会投资。1999年，他出版了个人的第一部畅销书《你也可以成为一个股市天才》，将高谭资本的成功归于这种特殊机会投资策略。

然而，格林布拉特却是凭借个人的第二部著作《股市稳赚》而闻名于世。2005年出版的第一版售出30多万册，被翻译成16种语言，从而奠定了格林布拉特著名投资者的地位。正如格林布拉特所描述的，《股市稳赚》是一次实验的产物，他在这一实验中试图了解沃伦·巴菲特的投资策略是否可以被量化。他知道，"奥马哈圣人"微妙的定性投资判断可能超越机器分析所能达到的高度；不过，他认为或许可以尝试将巴菲特神奇投资经验的一部分予以量化。

格林布拉特在研究巴菲特的公开声明（大多是以伯克希尔-哈撒韦公司董事长信件的形式）时，发现一个被反复提及的主题。巴菲特经常提及："以普通的价格买进一家不错的公司要远胜于以不错的价格买入一家普通的公司。"[1] 格林布拉特观察到，巴菲特不只是购买便宜的公司，他是在寻找价格合理的优质公司。如果我们尝试构建一种选股策略（以合理的价格投资高质量的公司），那么会发生什么呢？[2]

---

[1] 来自1989年伯克希尔-哈撒韦公司董事长信件。

[2] 对于巴菲特投资策略的总结，不止一位会计学者得出了相同的结论。在研究了三十多年巴菲特的公开声明后，普雷姆·贾因（Prem Jain）教授在2010年出版的《巴菲特超越价值》一书中得出了相同的结论（Jain, 2010）。相对于廉价，巴菲特更喜欢高质量增长（或者用剩余收益模型的说法，高未来剩余收益现值）的公司。

第 4 章
度量公司价值：基本面分析的作用

这一策略的结果令人称奇，格林布拉特在《股市稳赚》中将这种策略称为"神奇公式"。神奇公式的细节列在本章附录中。正如您在附录中看到的，这是一个非常简单的策略。格林布拉特仅仅根据两个因素将公司排序：资本回报率（Return-on-capital, ROC）和盈利收益率（earnings-yield, EY）。简而言之，神奇公式寻找那些拥有稳定的高历史资本回报率（前五年的 ROC 至少达到年均 20%）的公司，并在其中买入目前收益率最低的股票。仅此而已！

有几点值得注意。首先，神奇公式是有效的。或者更确切地说，神奇公式在很长的时间内已被证明有效。格林布拉特和其他人都用美国市场数据仔细检验过神奇公式：在过去 50 年中，这种选股策略给出的排名第一公司的表现远远优于其他公司。[①] 其次，这与格雷厄姆多年前的做法十分相似！持续五年的高速稳定增长……低市盈率……听起来很熟悉吧！万变不离其宗。

当然在剩余收益模型背景下，所有这些都是有道理的。本杰明·格雷厄姆、沃伦·巴菲特和乔尔·格林布拉特都试图做同样的事情——找到具有高预期剩余收益现值的公司并以合理价格买入。巴菲特时常提及四个说法：（1）只投资你可以理解的业务；（2）寻找具有可持续竞争优势的公司；（3）投资拥有高素质管理团队的公司；（4）买入有足够"安全边际"的股票。最后一点是最容易理解也最容易实施的，即购买估值相对

---

① 用 1964—2011 年美国数据复制这个公式的具体细节，请参阅 Gray and Carlisle（2013）。

于投入资本基准更有吸引力的股票。前三个原则向我们指明了那些未来有更大可能性成为持续高净资产收益率的公司。投资领域的裁决非常明确：凭质量获利。

4.6　学术研究中的实证证据

一旦确定了总体估值框架，我们就会发现来自学界的实证研究和投资者的实践经验与这个理论惊人地一致。让我们看看这些证据。

4.6.1　廉价

来自会计和金融领域的大量文献表明，价值股（价格低于基本面价值的股票）的业绩表现优于魅力股（价格高于基本面价值的股票）。通常，价值的衡量标准有账面市值比（Stattman，1980；Rosenberg et al.，1981；Fama and French，1992）、盈余价格比（Basu，1977；Reinganum，1981）、现金流价格比（Lakonishok et al.，1994；Desai et al.，2004）和销售收入与公司价值之比（O'Shaughnessy，2011）。价值效应的强弱随着时间的推移和个股特征的变化而变化，但价值股跑赢魅力股的大趋势是学术文献中很稳健的一个发现。

虽然学者们普遍认同这个事实，但对于这个事实背后的原因，人们却莫衷一是。有些人认为这些证据清楚地表明价值股被低估（物美价廉）；另一些人认为价值股之所以廉价是有原因的，由此这些价值指标也暗示了某种风险。例如，Fama and

French（1992）认为，市净率（P/B）低的股票更容易受到财务困境风险的影响。Zhang（2005）认为，这些股票有更多的"困境资产"，因此更容易受到经济下行风险的影响。① 同样，相关研究表明价值股和成长股对实时变动的宏观经济风险的敏感度不同，如 Vassalou（2003）、Santos and Veronesi（2010）、Campbell et al.（2010）、Lettau and Wachter（2007）、Da and Warachka（2009）和 Petkova and Zhang（2005）。后面我们将尝试用风险和制度摩擦来解释价值/魅力效应。

4.6.2 优质

支持优质投资观的学术证据更难识别。到目前为止，学界对优质公司的定义仍未达成一致。比如，许多论文研究了收益的可持续性，也利用基于会计的指标预测了未来收益率，但大多数论文并没有对质量这一主题进行详尽研究。一旦我们开始整理现有证据以填补描绘这一图景，就会发现这类研究和格雷厄姆最初代表质量的选股标准指标惊人地相似。鼓舞人心的是，实证证据也与估值理论的预期相当吻合。

当公司的估值乘数（如市净率）一定时，投资者应该为哪些公司支付更高的价格？根据剩余收益模型，优质是指拥有更高的未来剩余收益现值。实证研究者的任务是找到那些可能显示高剩余收益现值的公司特征或绩效指标。

公司剩余收益现值的关键组成部分是什么？最重要的因素

---

① 关于这个争议的更详尽的讨论请参阅 Zacks（2011）。

是度量未来盈利能力和增长率的指标，因为这些因素是公司未来净资产收益率的主要动力；同样重要的是安全性因素。更安全的公司应该拥有更低的资本成本（r_e），在未来预期现金流不变的情况下，更安全的公司将获得更高的剩余收益现值（PVRI）。最后，预期股利支付率也很重要。拥有相同盈利能力和增长率的公司，其他因素保持不变，向投资者支付更多股利的公司应该拥有更高的剩余收益现值（PVRI）。

请注意，我们迄今为止只讨论了基本面估值，还未涉及市场错误定价本身。卓越的估值并不总能带来卓越的收益率预测。这是因为卓越的收益率预测涉及股票市场价格中的系统性错误（由某些偏差导致的），而卓越的估值并没有。度量质量的指标（如公司历史净资产收益率）也可能是未来剩余收益现值强有力的预测因子，但市场早已意识到这一点，并给予了合适的定价。在这种情况下，我们不会预期这个基于净资产收益率的策略能带来更高的收益。实证研究表明，确实存在看似合理的优质且廉价的组合但并未带来好的收益。但是长期而言，如果价格趋向于基本面价值，我们就可以期望更好的估值平均会带来更优异的预期收益，更详尽的讨论请参阅 Lee et al.（1999）。

先前的证据与这些观察大多吻合。一般而言，更稳定、更安全、盈利能力更好、增长更稳定、现金流更好、风险更低和股利支付率更高的公司确实会赢得更高的未来收益。接下来，我们简要展示以前研究的证据，并讨论其与总体估值框架的关系。

4.6.3 营利能力和成长性

Piotroski（2000）发现，拥有更好的总资产收益率、经营现金流、毛利率和资产周转率的公司会获得稳定的更高的收益率。利用八个表示公司业绩和财务健康程度的基本面指标，他自创了一个综合 F 评分（F-score）。其研究证明，F-Score 能够从市净率（P/B）最低的股票池（价值股）中区分出未来"赢家"和"输家"。Mohanram（2005）也对市净率（P/B）高的公司（成长股）进行了类似的区分，并发现高成长公司的表现优于低成长公司。Piotroski and So（2012）使用 F-Score，表明价值股/魅力股效应可以归因于市场对公司未来基本面的错误预期。利用 I/B/E/S 的分析师预测数据，Frankel and Lee（1998）表明，当市净率（P/B）一定时，拥有更高盈余预测的公司会获得更高的收益率，在纠正分析师一致预期的乐观程度后，结果更显著。总而言之，这些证据表明，过去的或预测的盈利能力较高的公司随后会获得更高的收益。

4.6.4 盈余质量

重要的不仅仅是盈余的量值，对盈余质量（预期盈余的可持续性或持久性）的考量也不可或缺。例如，Sloan（1996）和 Richardson et al.（2005）认为，盈余中的现金流部分相比于应计项更为持久。类似的，Hirshleifer et al.（2004）表明，相对于整体会计利润而言，具有较低历史现金利润的公司表现欠佳，这种效应是基于 Sloan（1996）应计异象效应的新发现。Novy-Marx（2013）发现，较之净利润，毛利润（销售收入－销售成本)是一种更好的核心利润的度量;在该项研究中,即使盈利公司的估值比率更高,仍然能够比不盈利公司带来显著更高的收益率。

另一些研究探讨了会计数据在识别财务造假中的作用。Beneish(1999)利用盈余操纵期间的全部披露数据,估计出一个盈余操纵预测模型。在样本外测试中,Beneish et al.(2013)表明,这个模型能够在会计丑闻曝光之前正确识别出大多数著名的会计造假案例。或许更重要的是,Beneish et al.(2013)发现从初始Beneish模型推导出的操纵概率(M评分,M-score)是样本外股票收益率的强大预测因子——在控制包括应计异象等许多其他因子后,过去有盈余操纵迹象公司的后续股票收益率更低。

总体而言,这些研究表明,相较于简单的净利润度量指标,现金盈余能力或盈余质量等多种基于会计的指标是未来收益更好的预测因子。

4.6.5 安全性

更安全的股票会带来更高的收益。这个结果在多种安全性的度量方式中均稳健存在。例如,波动性较低的公司确实获得了更高的而非较低的收益(Falkenstein, 2012; Ang et al., 2006)。贝塔值(市场相关性)较低的公司确实获得了更高的收益(Black et al., 1972; Frazzini and Pedersen, 2014)。杠杆率较低的公司确实获得了更高的收益(George and Hwang, 2010; Penman et al., 2007)。财务困境水平更低的公司也获得了更高的收益(Altman, 1968; Ohlson, 1980; Dichev, 1998; Campbell et al., 2008)。① 简而言之，利用多种方式度量安全性的结果均显示，更安全的公司确实带来了更高的收益率。

实际上，波动性更大、贝塔值更大、杠杆率更高、破产风险更大的公司会获得更低的收益率。这个结果在资产定价均衡理论中无法成立——在市场均衡的情形下，拥有更高风险的公司理应被补偿更高的未来收益率。但是，如果我们认为这些风险与市场用于计算公司未来剩余收益现值的折现率有关，这个结果就合情合理了。从这个角度来看，当其他条件不变时，更安全公司的资本成本（r_e）较低，我们预期它们的未来剩余收益现值（公司价值）要高于风险较高的公司。如果市场低估了公司真实的未来剩余收益现值（正如我们在公司盈利能力和增长性中所看到的），那么更安全的公司实际上将获得更高的未来实际收益率。②

4.6.6 分红及偿付水平

向股东和债权人偿付更多的公司也将获得更高的未来收益。

---

① Dichev（1998）和 Campbell et al.(2008) 均发现财务困境风险与下期收益率存在稳健的负相关关系。Dichev（1998）使用 Altman's Z 评分和 Ohlson's O 评分（将股票排序），买入较小破产风险前 70% 公司的股票，卖空剩下的 30%，在 1981—1995 年的 15 年间有 12 年赚取正的收益。Campbell et al.(2008) 根据破产风险将股票排序并分成价值加权的投资组合，发现平均超额收益很显著且几乎单调地与破产风险负相关。最安全的 5% 的股票赚取 3.4% 的年化超额收益率，而风险最大的 1% 的股票年化平均超额收益率为 -17.0%。

② 与此观点一致，Chava and Purnanadam（2009）表明，虽然财务困境风险与未来实际收益率负相关，却与公司的市场隐含资本成本正相关。换句话说，市场在对财务风险高的公司进行未来收益折现时，确实使用了更高的隐含折现率；但是，因为平均价格仍然过高，所以这些公司仍然只能赚取更低的未来实际收益。

例如，进行股票回购的公司往往表现更好（Baker and Wurgler，2002；Pontiff and Woodgate，2008；McLean et al.，2009），而发行更多股票的公司往往表现更糟（Loughran and Ritter，1995；Spiess and Affleck-Graves，1995）。从债务发行中也观察到类似的现象。发行更多债务的公司会获得负的超额收益（Spiess and Affleck-Graves，1999；Billett et al.，2006；Daniel and Titman，2006），而进行债务清偿的公司则获得正的超额收益（Affleck-Graves and Miller，2003）。事实上，Bradshaw et al.(2006)表明，可以利用公司现金流量表中的公司净外部融资衡量这种效应。总而言之，这些发现与剩余收益模型十分吻合：资本回报速度更快的公司（股利支付率更高的公司）具有更多正的未来剩余收益现值。

总之，什么类型的公司质量更好呢？换一个思考角度，哪些公司特征反映了更高的未来净资产收益率、更低的资本成本和更高的股利支付率？过去的研究表明，那些安全、盈利状况良好、稳定成长的公司更好地回报了投资者。当市场低估了当前财务报表所反映的公司价值时，上述事实恰恰是我们预期能够看到的。这与当下流行的将价值效应作为风险溢价的解释不一致，因为优质公司往往盈利能力更强、波动性更低、更不容易陷入财务危机、拥有更持续的未来现金流以及更低的经营杠杆水平。Asness et al.(2013)将这些不同的特征融为一体。他们将优质公司定义为"安全、盈利能力强、成长和管理优良"的公司。他们认为，在同等条件下投资者愿意为这些公司支付更多，但事实上市场并没有为这些优质股票支付足够的溢价。将这些公司按质量指标排序，他们构建了一个"优质股减去垃圾股"（quality minus junk，QMJ）的投资组合，发现这个投资组合在23个国家中的22个中赚取了正的风险调整后收益。

我们基于他们的实证检验，根据四组共21个绩效指标计算出每家公司的综合质量得分。将每个指标进行排序，减去各自的平均值再除以标准差进行标准化：

盈利能力（六个指标）：更偏好拥有高收益（ROA和ROE）、高毛利（GPOA和GMAR）和高经营现金流（CFOA和ACC）的公司。盈利能力指标的分子分别是当期利润、毛利或经营现金流，分母分别是总资产、所有者权益账面价值、总销售收入或总盈余（当分子是ACC时）。

成长性（六个指标）：更偏好过去五年中盈利增长更多的公司（例如，$\Delta \text{GPOA} = (\text{GP}_t - \text{GP}_{t-5})/\text{TA}_{t-5}$，其中$\text{GP} = \text{REV} - \text{COGS}$）。换句话说，Asness et al.(2013)将成长性公司定义为相对于第$t-5$年资本基点，过去五年中毛利率、净利润或现金流增长最快的公司。

安全性（六个指标）：更不偏好具有高贝塔值（BETA）、股票收益率和盈余收益率波动性大（IVOL和EVOL）、高杠杆率（LEV）和财务困境水平高（O评分和Z评分）的公司。对这一组指标，Asness et al.(2013)整合了先前文献中衡量"安全"的六个指标。实质上，安全的公司被定义为拥有低贝塔值、低波动性、低杠杆率和低财务困境水平的公司。

分红及偿付水平（三个指标）：更不偏好在过去

五年中股票发行净额高（EISS）、债务发行净额高（DISS）、股利净支付率低（NPOP）的公司。再次，与先前研究相吻合，Asness et al.(2013) 用新增发行净额减去股利支付来定义高偿付水平的公司。

我们会发现这些指标与剩余收益模型息息相关。前六个指标（过去的 ROE、ROA、GPOA、GMAR、CFOA 和 ACC）捕捉到盈利能力强的公司，财报信息显示它们拥有更高的毛利率、更大的现金流占比（相比于应计利润）。接下来的六个指标衡量盈利能力的增长情况。在剩余收益模型框架中，上述12个指标很可能与未来较高的净资产收益率相关。不出所料，Asness et al.(2013) 发现在横截面分析中，这些指标与市净率密切相关。

更有趣的是，Asness et al.(2013) 发现，这些指标还能预测同时期不同公司（横截面）的收益率。也就是说，相比于盈利状况不佳和低成长性的公司，过去五年那些盈利状况更好的公司和增长更快的公司获得了更高的收益率。其实，大多数指标已经在先前的研究中用于预测股票收益率了。尽管如此，这项研究还是为支持以简单的剩余收益模型进行分析预测提供了令人信服的证据——持续高利润的公司具有更高的未来剩余收益现值，而这个质量指标似乎并未充分反映在市场价格中。

Asness et al.(2013) 的主要实证发现是：更安全的公司会获得更高的未来收益。他们将安全的公司定义为具有较低贝塔值、较低波动率（由异质性收益率 IVOL 和过去盈余收益率 EVOL 衡量）、较低杠杆率（LEV）和较低财务困境水平（O 评分和 Z 评分）的公司。虽然这个结果有违有效市场理论拥护者的直觉，但在剩余收益模型框架中却十分容易理解。当预期现金流相同时，更安全公司的价值更高，即它们拥有较低的折现率。由于市场低估了这一估值维度，因此更安全的公司将获得更高的未来收益。

最后，Asness et al.（2013）表明，净偿付水平高的公司（股票发行净额低、债务发行净额低、股利高）具有更高的价值。在剩余收益模型框架中，这也不奇怪。相比于拥有同等增长水平的其他公司，那些愿意回报给投资者更多资本的公司的价值更高。再次，当我们更准确地衡量公司价值（PVRI）的"质量"部分（PVRI）时，便能更好地识别那些可能赚取更高未来收益的公司。

4.7 价值投资为何持续有效？

过去的研究反映出两个事实：（1）兼顾优质和廉价的精明价值投资策略，往往能够带来更高的未来股票收益；（2）专业投资者正积极地挖掘价值投资策略。这两个事实自然引发了关于未来价值效应是否会持续存在的问题。为什么价值效应没有因套利而消失？为什么有人继续购买昂贵而劣质的股票（谁购买"垃圾股"）？

虽然关于这个主题的充分讨论可能超出本节的范围，但是学术文献中为价值效应的持续存在提供了至少四个解释：（1）基于风险的解释；（2）基于偏好的解释；（3）基于制度和摩擦的解释；（4）基于行为的解释。接下来，我们简要回顾这些解释。

4.7.1 基于风险的解释

价值效应长期存在的第一个解释是：价值股是风险更高的股票，而较高的未来收益是对承担这一风险的补偿（比如 Fama and French，1992）。为了支持基于风险的解释，许多研究提供了相关证据，证明价值股和成长股对实时变动的宏观经济风险具有不同的敏感程度。例如，Vassalou（2003）、Cohen et al.（2009）和 Santos and Veronesi（2010）表明，价值股对整体经济获利能力的敏感程度高于成长股。类似地，Campbell et al.（2010）和 Lettau and Wachter（2007）认为，成长股（价值股）对折现率（现金流）相关信息的敏感程度更高。Da and Warachka（2009）发现，公司现金流对总盈余预测的敏感程度解释了价值溢价的很大一部分。Petkova and Zhang（2005）发现，价值溢价与实时变动的风险因子同向共同变化。Zhang（2005）认为，价值溢价是由价值股和魅力股在面对不断变化的经济环境时扩张与收缩资产的能力差异所驱动的。综上所述，这些文章表明，至少一部分文献记载的收益绩效是风险因子暴露的产物，它们在价值股和魅力股中是不同的。

当然，我们同意价值投资有一定的风险，也就是说，它不是一台简单的印钞机，学术文献中通常讨论的幼稚价值投资形式尤其如此。价值投资的标准的学术方法是关注股票的廉价性（用估值乘数度量）。但是廉价股票（如高账面市值比、高收益价格比的股票）如此低价往往是事出有因的，即廉价股票中的一大部分是劣质公司。事实上，如 Piotroski（2000）所示，即便廉价股票的平均收益率高于市场水平，但账面市值比最高的

1/5 组的中位数公司在下一年也跑输了市场，年收益率比市场水平低6%以上。优质价值股确实包含一些风险，这在数据结果中得到了证实。

基于风险的解释的问题在于：通过适当的定义，价值股实际上比成长股更安全。一旦我们在策略中考虑了质量因子，平均来说，价值投资显然就不会带来更高的风险，至少在最常用的风险度量下是这样的（Piotroski and So，2012）。他们的研究说明，拥有更稳定现金流、更低财务困境水平、更低贝塔值和更小波动性的公司实际上可以获得更高的未来收益。当然，毫无疑问，风险能解释这些结果中的一部分，但我们认为，价值投资能产生未来超额收益的事实很难与基于风险的解释完全协调一致。

4.7.2　基于偏好的解释

根据这个解释，一些投资者偏爱有"博彩特征"收益的股票，即收益率的分布是右偏的。因此，当其他情况一样时，拥有这种特征的股票在均值—方差世界（只在乎期望收益和风险的世界）中的定价过高（Brunnermeier and Parker，2005；Brunnermeier et al.，2007）。Bali et al.（2011）提供了与这种现象一致的证据，Kumar（2009）表明这种影响在散户投资者中尤甚。

在标准资产定价模型假设下，一小部分投资者可能会存在偏离标准均值—方差的偏好，听起来似乎也合情合理。例如，投资者可能会表现出看似偏好博彩型收益的股票，但是在实证中很难将其与基于行为的解释相区分；实际上，信息不确定性的文献（Jiang et al.，2005；Zhang，2005）在行为框架中提出了相同的解释。但是，如果投资者生来便偏好博彩型股票，价值效应就可能在未来一直持续下去。

4.7.3 基于制度和摩擦的解释

流动性驱动的价格压力

股价不断地受到来自非基本面价格压力的冲击。有时候出于流动性原因，资本聚集呈现"羊群效应"——朝着相同的方向流入或流出，给价值投资者同时带来了机遇和挑战。

例如，Coval and Stafford（2007）的研究显示，由于前几个季度表现疲软、面临巨大赎回压力而被大量抛售的共同基金，可能导致相应公司的股价下行；但随后这些股票会强劲反弹。非基本面驱动的资金流可能会随着时间的推移而改变，也可能会不受认知偏差的驱动。但是，这些非基本面驱动的价格变动带来的影响并不局限于价值投资，它会给按价值指标交易的投资者带来更高的报酬风险比。

审慎人顾虑

Del Guercio（1996）指出，机构投资者可能出于"审慎人"顾虑而倾向于投资魅力股，这意味着投资备受瞩目的魅力股更容易被认为是明智的决策——这种投资行为使投资人显得很审慎。机构投资者对万众瞩目的公司的投资偏向会加剧价值效应，使魅力股的需求增多。类似地，正如 Green et al.（2011）和 So（2013）所言，恰恰是投资者将投资优秀公司（魅力股）等同于明智投资的误解导致了错误定价；然而，投资魅力股的机构投资者即便亏损，事后仍然能够以更加正当、合理的理由为亏

第4章
度量公司价值：基本面分析的作用

损作出解释和辩护——事后合理化效应。①

审慎人顾虑可能可以解释价值效应的持续存在。机构投资者出于自身声誉、法律责任和/或与投资人（赞助商）客户关系的考量，不敢购买价值股和抛售魅力股，因为购买价值股和抛售魅力股的潜在损失很难用所谓的"审慎投资"合理化。

套利限制

一般来说，价值效应可能因存在套利限制而持续有效。在金融学教科书中，套利是指同时买卖股票的一种无风险投资，通常不需要资本投入。这种教科书式定义的套利通常被称作"确定性"套利。而实践中，投资者捕捉价值效应的投资行为是"统计性"套利，即基于统计学证据发现的有关给定资产预期价值的错误定价进行交易。相比之下，统计性套利承担着巨大的风险。如前所述，虽然价值投资往往会带来正的收益，但Piotroski（2000）显示持有价值公司股票的收益率的中位数是负的。

统计性套利包含的一种风险形式为：以价值为基础的投资策略往往在长期内才能实现预期收益。这意味着被低估的价值股往往会逐步地上涨到预期价格，而被高估的魅力股往往会慢慢地跌落至预期价格，因此想从价值效应中获利需要足够的耐心和充足的资金部署。Shleifer and Vishny（1997）指出，投资者在亏损后往往会撤出资金，导致这种长期的套利机制受到限

---

① 公司形象与魅力程度的这种正相关关系与Merton（1987）不完全信息下的资本均衡模型相吻合，Merton（1987）认为公司价值随着投资者对公司认知的增强而增加。参阅Lehavy and Sloan（2008）关于投资者认知与预期收益之间的实证联系的相关证据。

制,即便这种损失只是由可预见的暂时性错误定价加剧所导致。股票往往因受到向上(向下)的价格修正而慢慢回复到价值股(魅力股)状态,由此价值投资的风险在于:想赚取被低估股票(价值股)的利润可能需要按照与动量相反的方向投资。

Brunnermeier and Nagel(2004)的相关证据显示,1999年春,几家著名的对冲基金看空互联网泡沫,但随着泡沫的持续和错误定价的加剧,它们遭受了重大损失和资金外流。这个例子说明套利价值效应的主要困难之一是:不确定错误定价何时才能被纠正。如果投资者的投资期较短,错误定价就可能会持续存在,因为市场缺乏足够的耐心来提供纠正价格所必需的资本。我们在第5章中会更详细地讨论套利限制的相关证据。

4.7.4 基于行为的解释

最后也是最有趣的一套价值效应的解释深深植根于人类的认知行为中。我们将这些解释分为四类,尽管它们并不完全独立。

显眼与权重

不确定性条件下人的决策行为还包括评估备择结果的概率。认知心理学中一个反复提到的主题是:人们总是赋予某些类型的事件过低的概率权重,而赋予另一些事件过高的概率权重。Griffin and Tversky(1992)的开创性研究发现,统计可靠性高(高权重)但不显眼(低明显)的信号持续被赋予过低的权重;相反,统计可靠性低但特别显眼的信号通常被赋予过高的权重。显然,贝叶斯更新是一个困难的认知任务。

将这一概念应用于(解释)价值投资,"平淡无奇"(不那

第 4 章
度量公司价值：基本面分析的作用

么显眼）的公司被赋予低于合理值的权重，而"引人注目"（很显眼）的公司被赋予高于合理值的权重。之前讨论的代表质量的历史性指标在计算未来剩余收益（可持续现金流）时是按统计相关性赋权的，但它们在投资者心中并不一定能获得相应的合理权重。虽然基于公司价值的套利有助于减少错误定价，但由于市场持续寻找并吸收新事项或伪信号，每天都会有新的"题材股"（引人注目的公司股票）出现在投资者的眼前。

过度外推

心理学文献为解释个人存在过度外推过去趋势的倾向提供了证据（Griffin and Tversky，1992）。这类文献认为，投资者低估了公司历史业绩的均值回复倾向，高估了公司历史业绩的持续性。Lakonishok et al.(1994) 将这个发现应用于股票定价，并以证据表明错误定价是投资者错误判断的结果，即在估计公司未来现金流时，投资者会高估公司历史业绩趋势的持续性。Dechow and Sloan（1997）的相关证据表明，分析师在预测未来盈余时倾向于关注过去的盈余增长，投资者则倾向于天真地依赖分析师预测。

由于高估了趋势的可持续性，投资者预估过去高增长的股票未来会保持增长，从而高估该股票的价值；同时，投资者预估过去表现不佳的股票将持续走低，从而低估该股票的价值。在这个解释下，投资者过于重视历史业绩，而忽视公司业绩均值回复的可能性。

动量（正反馈）交易

所有价值投资者均面临噪声交易者带来的将价格进一步推离基本面价值的风险。价值股往往是负动量股票——至少在中期（3—12个月）持有期间，价值投资是逆势的。

基于基本面分析得出的真正正确的买入，通常伴随着强烈的消极情绪。最近的例子如购买希腊资产带来的风险，或在全球金融危机期间购买美国金融服务公司发行的债务工具的风险。因此，价值投资天生面临投资者情绪所导致的更大的短期风险和中期风险，风险的程度取决于投资的持有期、资本来源的稳定性以及资本来源的深度。

高信息不确定情境下的过度自信

显然，高信息不确定情境下公司的后续收益往往会更低。例如，Jiang et al.(2005) 将信息不确定定义为价值模糊度，或知情投资者以合理成本估算公司价值的准确程度。在 Jiang et al.(2005) 和 Zhang (2005) 的研究中，信息不确定程度高的公司的未来收益更低；此外，信息不确定程度高的公司表现出更强的价格和盈余动量效应。具体来说，更年轻、波动更大、交易量（换手率）更大、预期增长更多、市净率更高、分析师盈余预测分歧度更大、未来现金流的隐含回收期更长的公司，未来股票收益率更低。从某种意义上讲，上述各种现象都与公司的信息不确定程度有关。

Jiang et al.(2005) 认为，这些现象都可追溯到相同的行为根源：人们在高信息不确定的环境中更容易过度自信。在价值投资情境下，投资者倾向于高估公司价值中遥不可期的因素，而低估近在眼前的因素。换句话说，他们使用过低的隐含折现率评估公司未来现金流量。这会导致"题材股"定价过高，因为它们的现金流在遥不可期的未来。

第 4 章
度量公司价值：基本面分析的作用

过度自信假设有助于解释为什么基于短期预期现金流量与股票价格比的策略可以获取更高的收益。例如，Frankel and Lee（1998）认为，当市净率相同时，预期短期盈余较高的公司将获得较高的收益，这与投资者低估近期价值相关信息的现象吻合。这也解释了为什么在高信息不确定情境下动量效应更强。

4.8 小　结

自八十多年前本杰明·格雷厄姆开创价值投资理论以来，基本面投资者已经成为金融市场中一股稳定的力量。本章回顾了这种投资风格的理论基础，包括与许多实证证据一致的基于会计的估值框架——剩余收益模型。我们还尝试运用剩余收益模型将许多知名基本面投资者的投资方法和学界最新研究成果纳入一个统一的框架。

最近的一些研究提供了令人信服的证据，证明了历史会计数据是蕴含信息的，并且已在基本面投资中发挥了重要作用。例如，Asness et al.(2013) 的 21 个综合质量指标没有一个依赖公司股价，它们全部是遵循一般公认会计原则、基于历史成本的财务报表构建出的变量，而利用这些指标构建的组合往往能找出那些未来将获得更高回报的"优质"公司。

剩余收益模型有助于我们了解背后的原因。深入的基本面分析能帮助我们发现有助于预测公司未来盈利性和增长性的绩效指标，也能帮助我们评估公司风险以及未来可能的股利支付。简而言之，会计信息不仅可以帮助我们评估公司未来现金流量的一阶矩（计算未来收益公式的分子项），还可以评估未来现金流量的二阶矩（未来收益的风险）。估值理论告诉我们，这两个因素都有助于评估公司未来增长机会的现值。事实上，估值理论核心的预测不但与学界最近的实证研究结果相吻合，也与许多精明投资者所信奉的投资智慧相吻合。

虽然我们尚未攀登到价值投资的顶峰，但正沿着八十多年前本杰明·格雷厄姆所建立的正确道路前进。投资实践与学术研究的结果高度一致：历史会计数据可以帮助我们完成用合理价格购买优质公司的任务，令我们在投资中处于优势，让市场变得更加有效！

附录　乔尔·格林布拉特的神奇公式

下面所列神奇公式的基本原则引自2010年乔尔·格林布拉特所著的《股市稳赚》一书。为了便于说明，我们在这里列出神奇公式，并鼓励感兴趣的读者购买原著或访问格林布拉特的网页 http://magicformulainvesting.com，以了解更多的详情。

格林布拉特的基本原则

- 以便宜的价格（高资本回报率 ROC）购买优质的公司（高收益率 EY）。
- 构造一个 20—30 只股票的投资组合，始终坚持此策略并分散购买时间（一年中每个月买入几只股票）。
- 持有"赢家"至少一年（出于税收原因）。

第 4 章
度量公司价值：基本面分析的作用

实施格林布拉特的神奇公式

- 寻找过去五年中平均资本回报率（ROC）不低于 20% 的公司。
- 在它们之中选择收益率（EY）最高的公司。
- 只考虑市值 2 亿美元以上的股票；剔除公用事业、金融、美国存托证券（ADR）和过去一周内有业绩报告的公司。
- 剔除年化收益率超过 20%（这可能是数据问题或异常情况）的公司。

详细的因子定义

ROC = EBIT / Capital

其中，EBIT 是息税前利润；Capital = 净固定资产+净营运资本。

EY = EBIT / TEV

其中，EBIT 是息税前利润；TEV = 市值 + 总负债 − 超额现金 + 优先股 + 少数股东权益，超额现金 = 现金 + 流动资产 − 流动负债。

第 5 章
套利成本

本章讨论了精明投资者在进行理性的信息套利时所面临的一些重要的成本和限制。我们有两个目标：（1）向学界的读者阐述从事主动投资的基金经理在实务中所面临的挑战；（2）为有兴趣更深入了解套利成本和套利限制研究现状的学者和金融从业者提供系统性的文献资料。

学界对套利成本的理解和领会远远不如业界。许多学者很难理解为什么大量的精明投资者未能在错误定价出现之时就立即将其消除。毕竟，Cochrane（2011）观察到，"一个人的亏本甩卖就是另一个人买进的机会"。在无摩擦的世界中，如果发生甩卖，一群投机者就会涌入，而错误定价几乎会在出现时立即消失。学界认为理论上应该是这样的，很多人也相信现实中就是这样的。

主动基金经理对套利成本的看法与学界截然不同。他们从事的工作就是识别和利用错误定价进行套利。但是，他们在努力从这些机会中获利的同时，也面临无数的挑战和限制。这些挑战和限制导致在投资对象选择和投资资金部署上的精确度下降。他们大部分的精力都耗费在应对这些限制上。事实上，大多数主动基金经理都在持续地钻研降低套利成本、管理风险和提高信息优势的新方法。对他们而言，套利限制是每天要面对的现实。

学界与业界对套利成本和套利限制的观点有很大差异，其原因在于两者要实现的目标不同。对于业界的主动基金经理而言，交易成本和风险是投资中最重要的问题，而这两个问题通常会由于交易策略的不同而发生变化。比如，高频交易套利策略与长期价值投资策略就会面临不同的交易成本和风险，而可转换债券套利的交易成本和风险又与前两种策略截然不同。这样，对套利成本更加细致的研究需要分不同策略逐个进行，而这种细致的研究通常不在学者的研究兴趣范围内，因为学界推崇的是研究更加普适性的规律。所以，许多关于套利成本的学术研究仍然停留在相对抽象的层面，与投资实务相距较远。

在本章，我们将建立一个简单的逻辑框架，试图平衡学界和业界的需求。首先，我们简要介绍以信息化为基础的专业的资产管理流程，为后文详细讨论套利成本提供背景资料。

接下来，我们讨论所有主动投资者面临的三类成本。具体来说，我们将套利限制分为与下列因素有关的成本和风险：（1）识别/核实错误定价；（2）实施/执行策略；（3）筹资/资金限制（寻找策略的资金来源）。这三种类型的成本适用于所有试图从错误定价中获利的专业资产管理者。虽然每种成本的相对重要性因策略不同而有所差异，但所有主动投资者都需要投入精力来识别/核实错误定价、实施/执行策略，以及为策略筹资/融资。

我们想要传达的核心思想是，现实世界中的套利其实是一种信息博弈，主动基金经理必须持续不断地提升技术以获取套利优势。当主动基金经理尝试识别/核实错误定价、筹资/融资和实施/执行投资策略时，总是面临很大的不确定性和风险。在这个过程的每个阶段，他们都需要更精确、更可靠的信息。正确的信息可以帮助资产管理者识别错误定价、降低风险、确保资金安全，并改善交易的执行。

在这三种类型的成本中，或许人们了解得最少的是与识别错误定价相关的成本。学界讨论套利限制，通常关注实施交易的成本，比如 Keim and Madhavan（1997）和 Beneish et al. (2015)；或者资金限制，比如 Shleifer and Vishny（1997）、Shleifer and Vishny（2011）、Acharya and Pedersen（2005）、Hu et al. (2013)。虽然这些成本很重要，但大部分专业资产管理者更关心识别/核实错误定价本身，他们对构成投资决策的信息的质量以及获取这些信息的相关成本尤为关心。①

关于如何识别错误定价，越来越多的学术研究表明，金融市场在全面处理复杂的信息方面能力有限。经典经济理论假设个人完全理性，能在很低成本或零成本的条件下全面了解信息并作出理性决策。在此基础上，传统的资产定价模型通常认为市场价格以非常低的成本迅速吸收并包含所有的公开信息。然而，越来越多的证据表明这些假设可能存在严重问题。

最近的许多研究发现，当信号被充分理解的难度更大或当市场注意力被其他竞争性消息吸引时，公开信息被错误定价的可能性更大。在这些情况下，新信息更有可能被错误定价，使

---

① 在错误定价的情形下，"信息的质量"是指对构建投资策略至关重要的参数/变量的精度和准确性。正如我们后面讨论的那样，这包括可用作近似替代品的资产的相关信息。

得未来收益具有一定的可预测性。具体来说，这类研究包括：（1）投资者的有限注意力；（2）任务的复杂性；（3）信息的不确定性。所有这三个因素都会限制市场价格全面包含新信息的能力，也就是会引起错误定价。

在有限注意力的文献中，一些研究表明，当竞争性信息较少时，盈余信息能得到更充分的处置（Francis et al., 1992; Bagnoli et al., 2005; Della Vigna and Pollet, 2009; Hirshleifer et al., 2009）。当竞争性信息存在时，市场对盈余信息的同期反应更弱，同时盈余公告后股价漂移更明显，甚至像NCAA篮球锦标赛这样的注意力转移也可能对市场充分处置盈余信息的能力产生显著负面影响（Drake et al., 2015）。

此外，许多研究表明，市场难以处理更不明显的、更难理解的或者更复杂的信息。这涵盖了很多不同的信息，包括非常规的内部人交易（Cohen et al., 2012）、具有高度信息含量的分析师预测修正（Gleason and Lee, 2003）、更可靠的应计项目计量指标（Richardson et al., 2005）、相比其他公司联系更紧密的董事会（Larcker et al., 2013）、变化较迟缓的人口统计数据（Della Vigna and Pollet, 2007）、研发费用的产出情况（Cohen et al., 2013a），甚至历史价格动量的相对显著性（Da et al., 2015）。在以上每种情况下，从初始价格和交易量可以看出，市场参与者似乎对这些信息具有粗浅的了解。然而，最初的反应是不完整的，市场通常会错失一些更不明显的信息。因此，初始价格并未完全包含新信息，进而使得未来股票收益率具有可预测性，并由此可以构建能带来显著经济回报的交易策略。

同样，信息不确定性的文献表明，信息不确定性程度更大的公司被错误定价的程度也更大。① 具体来说，这些公司的平均未来收益率更低、价格动量效应更强，这是因为投资者对高信息不确定公司表现出更高的过度自信程度（Jiang et al.，2005；Zhang，2006a）。高信息不确定公司的分析师盈余预测似乎也比那些低信息不确定公司的分析师盈余预测更过度乐观（Zhang，2006b）。

这些研究证明了信息复杂程度对于市场定价的确很重要。金融市场在一定时间内分析处理各种类型信息的能力有限，因此更简单、更重要的信号相比更复杂、更不明显的信号更容易被投资者理解并且包含在价格中。虽然随着时间推移，市场价格会逐渐吸收这些信息，但价格纠正的过程并不是瞬间就能完成的，未来收益率的可预测性有时可能持续多年。②

5.1 精明投资者眼中的市场

作为从事信息套利的专业基金经理，假设你已经知道能够带来显著经济回报的错误定价，你还面临什么成本和风险？

---

① 信息不透明（高信息不确定性）的公司往往成立时间短、规模较小、波动性较大、交易量（换手率）更大、历史盈余波动更大，而且这些公司的分析师未来盈余预测分歧度更大。

② 许多研究的记录表明，基于异象的交易策略的盈利能力在逐渐削弱。例如，Green et al.（2011）发现，由于多年来对冲基金对应计异象策略投入的资金越来越多，Sloan（1996）发现的应计异象基本消失了。Bebchuk et al.（2013）发现，基于公司治理的交易策略近年来由于对冲基金持续投入资金也基本消失了。McLean and Pontiff（2013）的研究更具一般性，他们检验了82项在学术研究中能够预测收益率的交易策略，发现策略的可预测性显著下降，而与策略相关的交易显著增加。

阿尔法经济学
赢取资本超额收益的法则

假设你决定尝试冒险开办一家小型的对冲基金公司。作为初创基金公司，你将面临开办新公司通常需要的间接成本，包括法律费用、办公室租赁成本和会计/运营费用。你必须每个月支付运营成本，如数据采购费用、主经纪商费用、运营费用、税务执行成本和融资费用。除非你准备独当一面，否则你还要雇用合适的人才，并且要筹集足够的资金以确保他们的薪酬。

在筹集资金时，你将遇到之前很多人碰到过的代理问题（Shleifer and Vishny，1997）。具体来说，你的投资人通常不如你了解自己的策略，你要说服你的投资人放心地把钱交给你，你还要登门拜访潜在客户。如果你采用的是量化策略，你就会发现"回测"的证据通常会受到客户质疑——"我从未见过不好的回测结果"。如果担任基金经理的时间很短（说明你的投资业绩记录很少），那么你很难向客户证明你可以在控制风险的同时保持持续的收益率。

即便你筹集到一些种子资金，如果出师不利，这些资金也会很快被撤回。由于价格包含了噪声且不总是快速回归价值，有时由于运气不好，价值与价格之间会发生更大的的偏离，短期内你可能会受到投资人的质疑。即使你的策略是合理的且长期可行，但短期内的资金撤回有时也是不可避免的（Brunnermeier and Nagel，2004），甚至在你最有可能获得更高的收益率时资金恰好撤回（Shleifer and Vishny，1997）。

你会发现另一个问题是，你掌握的信息也存在噪声。由于信息不完整（又称有限注意力），你可能会忽视一些重要且相关的信息，但其他人却已经知晓这些信息。你认为一个特定资产的价格非常低，但是你可能稍后便发现，卖家知道你不知道

第 5 章
套利成本

的事情,本来看起来稳赚的事情现在却变得根本无利可图(Mitchell et al.,2002)。虽然你已经确定这笔投资的确存在错误定价,但可能没有合适的替代资产做对冲,而不合适的替代资产可能会在平仓之前拖垮你(例如史上最大的对冲基金失败案例——长期资本管理公司)。你也可能会低估交易成本,或者很难借到卖空所必需的股票(Beneish et al.,2015)。

如果最初的业绩只是达到中等水平,那么你将在让雇员继续留在公司并保持每个人有足够的驱动力上面临严重的问题。如果最初的业绩达到了不错的水平,你将面临其他挑战:处理来自更多客户的越来越复杂的需求(现在大客户可能要求"专户"① 管理);面对新的竞争对手,特别是自己团队中的背叛者,他们可能成为最强劲的竞争对手。随着管理的资产不断增加,你还必须管理公司整体的成长、招聘新员工上岗、应对越来越复杂的法规。重要的是,你还要衡量策略的正确规模——策略容量,因为这将直接影响你的业绩(Berk and van Binsbergen,2014)。最后,你在做所有这一切的同时,脑中只有一个模糊且不完美的感受——你的投资空间已经变得如此"拥挤"(Stein,2009)。②

---

① 简单地说,资产管理者代表所有客户维护一个"混合基金",将客户资产集中到一个投资组合中,从而大大简化了交易和簿记功能。但是,有些客户特别是大客户,可能会要求设立一个专户。专户客户的资金与其他人的资金是分开的。然后,资产管理者必须确保每个账户都得到及时更新,并且在"模型投资组合"重新平衡的情况下,所有客户都得到公平对待。随着专户数量的增加,日常交易结算和账户对账变得越来越复杂。

② 对于每个量化基金经理而言,一个很重要的考量是到底有多少其他人和你采用同样的策略,而这个信息通常是未知的。——译者注

这个过程中的每一步都有成本且包含一定风险。主动基金经理都必须在选择好一个策略的同时管理好成本和风险。所以，即便正确地识别出统计意义显著且能够带来显著经济回报的交易策略，许多人还是会失败。

　　有噪声且存在缺陷的信息套利过程是金融市场的"DNA"。这些主动基金经理所使用的技术和策略，正赋予金融市场其特色。即使在最具流动性的市场上，主动基金经理采用最先进的技术，均衡状态下仍存在大量的错误定价，因为完全消除错误定价的成本太高了。[①] 正是在日常管理这些套利成本的过程中，主动基金经理及金融市场使得每项资产存在"近似有效"的价格。

5.2　制定交易策略

　　基金经理的首要任务是找到潜在的获利策略。资产的市场价格与理论价值的差异有两种可能性：第一是市场错误定价，这时存在交易机会；第二是理论价值错误，差异是由估值方法错误引起的。基金经理应该如何区分这两种情况？

　　在下一节中，我们将讨论替代或近似替代资产存在与否的重要性。我们认为，即使基金经理无法对错误定价有绝对的把握，近似替代资产的存在也会在很大程度上降低风险。事实上，当没有"天然的替代品"时，专业的基金经理将寻求方法以创

[①] 在流动性最强的市场上，例如美国国债拍卖（Lou et al., 2013）或者交易型开放式指数基金一级市场（Madhavan and Sobczyk, 2014），这些成本仍然可能限制套利资金的部署。

造"合成的近似替代品"。找到这种替代资产后，交易就可以简化为买入（或卖空）被错误定价的资产，同时卖空（或买入）替代资产。对冲基金在股票和固定收益市场上，这种方法是大多数主动投资策略的基础。

5.2.1 替代品是否可得？

当资产存在近似替代品或一组历史价格轨迹接近的"参考资产"时，错误定价更容易被识别和证实。资产与参考资产之间的替代性越强，投资者越能准确地识别和利用错误定价。当资产没有近似替代品时，信息套利的风险就会比较大。也就是说，没有近似替代品的资产，其价格受基本面价值的约束更弱，偏离基本面价值的可能性也就更大。

基于这个简单的原则，我们会发现，交易型开放式指数基金的交易价格与对应的一篮子基础股票资产的价值紧密相关联。同样，高流动性股票期权合约的价格与以期权定价模型为基础计算的理论价格基本一致，而发行人相同、到期日相似的长期债券会以相似的溢价或折价进行交易，因为这些都是互为近似替代的资产。

当一项资产不存在完全替代资产时，情况就复杂多了。例如，谷歌、领英、特斯拉的替代品是什么？在股权领域，每股都对应一家持续经营公司的部分所有权，但这种权利通常没有完美的替代品。因此，我们经常看到股票价格脱离基于未来现金流预测的公司价值。因此，对于这种明显的价格错位在合理的时间范围内会得到修正而下注实在是一项高风险提议。

一种降低股权投资风险、更精确地对特定公司下注的方法是对冲股价联动部分，从而获取单只股票的特质收益。例如，买入谷歌可以看作对驱动谷歌股票收益的一系列共同因子（common factors）的投资，加上对谷歌的剩余收益（谷歌股票收益率中特质部分）的投资。使用学界常见的风险因子，我们可以将谷歌股票月度收益率用以下公式表示：$R_t^{GOOG} = \alpha + \beta^M R_t^M + \beta^{HML} R_t^{HML} + \beta^{SMB} R_t^{SMB} + \beta^{Tech} R_t^{Tech} + \varepsilon_t$。其中，$R_t^{GOOG}$是谷歌股票的超额收益率，$R^M$是市场的超额收益率，$R^{HML}$是价值投资策略的收益率，$R^{SMB}$是规模投资策略的收益率，$R^{Tech}$则是信息技术行业相对于市场投资组合的收益率。

这种月度时间序列回归将产生相对较高的调整后R^2，接近60%。换句话说，持有谷歌股票的波动很大一部分来自股票与市场组合（M）、价值—成长（HML）、规模（SMB）和技术行业（Tech）的相关性。这种联动性是源于基本面还是源于投资者情绪并不那么重要，重要的是如果这些相关形式是稳定的，我们就能为谷歌股票构建一个基于这种相关形式的"合成"替代资产。

这个想法很简单。当购买谷歌股票时，我们将卖空（或买进）适量的M、HML、SMB和Tech，以完全抵消我们的投资组合对这些共同因子的暴露。由于谷歌是拥有较低账面市值比的大市值科技股，我们需要对整体投资组合进行管理，减小对市场因子（M）和科技行业（Tech）的暴露度，同时增大对价值因子（HML）和规模因子（SMB）的暴露度。总之，与简单地只买进谷歌股票相比，买进谷歌股票同时卖出合成替代资产的交易使得我们能够将投资集中在谷歌的特质收益，同时降低投

第 5 章
套利成本

资组合的波动。好棒！通过这种方法，我们找到了合适的替代资产，从而创造了更聚焦的（聚焦于谷歌的特质收益）的投资策略。

上述对个股的投资可以推广到一篮子股票上。通过权益风险模型（如 MSCI Barra、Axioma 或 Northfield），基金经理可以构建投资组合，以调整对模型中每个风险因子的暴露度。这些模型之所以奏效，是因为股票收益中的很大一部分具有共同性。通过调整每只个股的权重——持有的每个公司的股票数量，基金经理可以规避投资组合中由行业和投资风格因子所致的大部分波动，并赚取个股的特质收益。最终投资组合的夏普比率（期望收益与波动率之比）要比仅仅买入并持有一只股票好得多。[1]

整体而言，基金经理可以屏蔽投资组合其他风险的来源，使得该投资组合可以更聚焦于个股错误定价带来的机会。例如，一位基金经理可能不看好一家快速成长的餐饮连锁公司，她认为目前的经营现金流（OCF）未来不可持续，该公司可能会在当前季度或下个季度达不到业绩预期。这位基金经理可以卖出这家公司的股票，同时买入一篮子餐饮业公司股票，这样可以抵消卖空个股带来的其他不必要的风险暴露。这样做的目的是获取特定公司的特质收益，从而催生了最初的这笔交易。如果该基金经理愿意，她还可以为这个对冲操作增加杠杆，将新投

---

[1] 强烈建议有兴趣进一步深入研究证券投资组合构建和风险管理细节的读者阅读 Grinold and Kahn（1999）的经典之作，或者最近如 Qian et al.（2007）和 Zhou and Jain（2014）的修订版本。

资组合的整体风险提高到仅卖空个股的水平。①

5.2.2 其他主动投资策略

交易"近似"替代品的原则同样适用于其他情形。以下是来自学术研究和对冲基金业的几个例子。

统计套利

统计套利策略的逻辑是：具有类似特征的股票价格会倾向于收敛。比如，在一个简单的"配对交易"策略中，交易者寻找一对收益高度相关的股票（Goetzmann and Rouwenhorst, 2006），当两只股票的价格相对于历史参考点的差距足够大时，交易者相信两者股价未来会收敛，他们会买入现在看起来较便宜的股票并卖出现在看起来较昂贵的股票。在更复杂的情况下，交易者使用一系列公司特征或统计协整技术来识别"同类"公司，然后买卖近期收益与"同类"公司收益差异最大的股票。

负自有价值

Mitchell et al.(2002)考察了82家"负自有价值"的公司——该上市公司的市值低于其持有的一家上市子公司市值的相应份额。这些情况似乎是理想的套利机会，精明投资者可以买入母公司并卖空子公司。但是，尽管其中一些案例取得了正

---

① 举例而言，如果卖空一只股票所承担的风险是1，那么卖出这只股票再买入一篮子股票对冲，承担的风险可能大幅度降低至0.2；如果基金经理觉得承担这点风险不过瘾，相比直接卖空个股而言，她可以把杠杆加到5倍，所承担的风险又达到1的水平。这样做之后，赌注可以一样大，而且赌注不会掺杂其他她不想要的因素在里面。——译者注

第 5 章
套利成本

收益，但母公司和子公司之间的替代并不太完美。对于 30% 的样本，母公司和子公司之间的联系在错误定价被修正之前就被切断了①，而且价格收敛的道路既不顺利也不迅速。作者由此得出结论，套利受限于收益率分布和所伴随的风险的不确定性。

可转换债券套利

可转换债券是指可转换成股票的公司债券，最简单的是将其视为债券加上看涨期权，并以固定价格购买新发行的股份。大多数可转换债券交易者依靠这种简单的逻辑寻找可转换债券与对应基础股票之间的相对错误定价。因为投资者的有限注意力，相对于对应基础股票以折价交易，可转换债券通常流动性较低。交易者利用期权定价技术识别错误定价，购买可转换债券，并卖空对应基础股票进行对冲。

Pedersen（2015）对这一策略作出了非常好的总结。他写道："可转换债券的折价处于有效的低效水平，反映了流动性的供给与需求……当可转换债券的供给量相对于对冲基金资金量和可取得杠杆资金偏高时，其折价更严重。例如，当可转换债券对冲基金面临大额赎回或银行收回资金时，可转换债券变得非常便宜且流动性不足。"

除了上述案例，还有很多类似的情况，主动投资者使用"近似替代品"帮助确定错误定价或者实施策略。如果替代品

---

① 例如，在 Mitchell et al.(2002) 的样本中，有些母公司在使用子公司作债务抵押后破产，结果在套利空间收敛之前，母公司和子公司的市场价值错位就被破坏。——译者注

非常接近，则剩余风险可能变得非常低，投资者可以利用杠杆使得策略恢复目标风险水平。

如果没有可靠的近似替代品，交易者要么需要大量地对冲投注（一个典型的例子是全球宏观投资，即投资者在整个市场或资产类别上进行定向投注），要么快速交易给定的股票以控制风险（例如管理期货策略，即根据时间序列上的趋势效应进行投资）。①

5.3 复杂度对错误定价的影响

学术研究已经确定，不论基于何种策略，有一些因素会增大投资者错误推论的可能性。广义上，这些文献表明，信息搜索成本与任务复杂度对错误定价的可能性和幅度会产生影响。我们接下来的讨论将分为三个方面：(1) 有限注意力；(2) 任务复杂度；(3) 信息不确定性。

5.3.1 有限注意力

许多实证研究结果表明，投资者在作出决策时很难考虑到所有相关信息。例如，价格似乎对盈余信息反应不足（Bernard and Thomas, 1990），但对盈余的组成部分（应计项目）却反应过度（Sloan, 1996）。有限注意力模型提供了解释这些现象的路径，并对产生这些现象的行为假设给出了框定。

---

① 方向性宏观策略收益波动性通常较大，对资金配置构成较大的约束（参阅 Pedersen, 2015）。管理期货策略通常对多个不同类别资产进行短期投资，目标是尽量降低投资策略的整体风险（参阅 Pedersen, 2015）。

第 5 章
套利成本

有限注意力模型的特征是一些投资者拥有的信息不完整。① 例如，Hirshleifer and Teoh（2003）和 Hirshleifer et al.（2011a，2011b）认为，假设投资者具有均值—方差偏好②，而且投资者注意力有限，仅能够利用所有信息中的一部分形成自己的判断。虽然投资者的有限注意力经常被定义为忽略有用的信息，但也包括用直觉或简化模型形成判断。在这两种情况下，关键在于部分信息被一些投资者忽视，因而这些信息没有反映在价格中。读者可以参阅 Lim and Teoh（2010）对这部分内容的文献综述。

有限注意力模型为理解各种市场价格异常提供了一个总体框架。在这个框架下，因为一部分投资者不能完全识别各种基本面信号中包含的信息，所以各种基本面信号可以预测未来收益。当一些特定信息③被投资者忽略时，这些信息将有助于预测未来收益。

当投资者的注意力有限时，股价包含某一信息的程度取决于信息的显著性和其他干扰因素的是否存在。与此假设一致，Della Vigna and Pollet（2009）发现，周五发布的盈余公告的即时市场反应更弱，而盈余公告后股价漂移更强。Francis et al.（1992）和 Bagnoli et al.（2005）发现，市场对非交易日发布的

---

① 最先提出信息不完整的是 Merton（1987），他提出了不完整信息模型。Merton 对认知约束并不感兴趣，但是其模型中出现的一些拥有不完整的信息和行为表现的投资者与后来的模型中的有限注意力投资者很相似。其他例子包括 Hirshleifer and Teoh（2003）、Sims（2003）、Peng and Xiong（2006）和 Hirshleifer et al.（2011a）。

② 投资者偏好尽可能高的收益率和尽可能低的不确定性风险。——译者注

③ 例如，最近的未预期盈余对未来盈余的预测能力（Bernard and Thomas，1990）或相对于现金流而言应计项目的低持续性（Sloan，1996）。

盈余信息的反应不足更严重。Hirshleifer et al.(2009) 发现,当盈余公告与很多其他竞争性公告同日发布时,即时价格反应较弱,盈余公告后股价漂移更强。最后,Drake et al.(2015) 发现,在美国 3 月份"篮球赛季热潮"的季节,全美都在观看篮球比赛,市场对在此期间公布的盈余信息的反应较弱,也就是说投资者的注意力更多地被篮球赛吸引。在以上每种情况下,投资者的注意力分散似乎都会影响市场对盈余信息的反应速度和效率。

Barber and Odean (2008) 发现,个人投资者特别倾向于购买吸引其注意力的股票。具体来说,他们发现散户是热门股①的净买家。同时,散户在卖出股票时不会面临同样的搜索成本问题,因为他们仅卖出已持有股票。Barber and Odean (2008) 的结果显示了搜索成本的重要性,至少在散户交易的情况下。与此同时,Barber and Odean (2008) 表示,因为散户的出价相对于基本面价值更高,热门股特别容易被高估。

Da et al.(2011) 使用在 Google 上的搜索频次(搜索量索引,SVI)设计出度量投资者注意力的直接指标,并将这种具体的指标应用于 Russell 3000 股票样本,表明 SVI 能够有效地度量投资者注意力。与 Barber and Odean (2008) 中的价格压力假设一致,他们发现 SVI 的上涨预测了未来两周股价的上涨,以及一年内最终价格的反转。他们的研究还表明,SVI 与 IPO 股票首日收益率大但长期表现不佳相关。

Engelberg et al.(2012b) 利用 Jim Cramer 主持的颇受欢迎的

---

① 这些热门股也就是新闻提及较多的股票,或者出现异常交易量和/或极端收益的股票。

第 5 章
套利成本

电视节目《疯狂金钱》测试注意力和套利限制的理论。他们发现,《疯狂金钱》的股票建议导致很高的隔夜收益率和随后几个月内的收益反转。他们使用 Nielsen 日收视率衡量投资者注意力并发现,当高收入的电视观众多时,隔夜收益率是最高的。与 Barber and Odean(2008)观察到的散户只抛售已持有股票相一致,Engelberg et al.(2012b)发现 Jim Cramer 的卖出建议对股票价格的影响十分微弱。

综合来看,Da et al.(2011)和 Engelberg et al.(2012b)的证据支持了 Barber and Odean(2008)的散户注意力假设,并表明媒体会制造错误定价。当搜索成本高时,能让散户注意力集中于某只股票会导致该股票价格被高估,紧随其后的便是收益反转。

5.3.2 任务复杂度

与有限注意力密切相关的是任务复杂度的概念。Kahneman(1973)观察到,注意力需要花费精力,执行复杂任务也需要花费精力。某些类型的信息更不明显、更难以从数据中破译,学术研究结果显示这种类型信息反映在市场价格中的速度更慢。

我们再来观察关联公司的情况。Cohen and Frazzini(2008)使用公司主要客户的数据库,显示某公司的股票价格会跟随客户公司的新信息而调整。然而,投资者并没有充分理解股票价格在客户—供应商关系上的关联,因此供应链上相关公司的股票价格存在明显的领先—滞后效应。买入那些客户公司在过去几个月收益率最高(最高的 1/5)的股票、卖空那些客户公司在过去几个月收益率最低(最低的 1/5)的股票可以获得

1.55%的月度超额收益率，或18.6%的年化超额收益率。这种"客户动量"策略对传统的风险因子（包括股票自身的动量效应）暴露很少，或者说几乎没有暴露。

Menzly and Ozbas（2010）发现了类似的跨相关行业的信息传递模式。使用美国经济分析局（Bureau of Economic Analysis，BEA）的基准投入—产出调查数据，他们识别了行业间的供应商和客户关系，发现经济上相关的供应商行业和客户行业可以互相预测对方行业的股票收益率。据此构建的交易策略可以获得8.7%的年化收益率，而对于分析师覆盖率较高和机构投资者持股较多的股票，该策略的效果较弱。像Cohen and Frazzini（2008）一样，Menzly and Ozbas（2010）的结果表明，股票价格会根据经济关联公司的新信息而缓慢调整。

Cohen and Lou（2012）利用一个新颖的研究设计直接测试信息处理复杂度对价格调整的影响。他们将多元化公司定义为不止在一个行业运营的公司。针对每个多元化公司，他们还构建了一个伪多元化公司（pseudo-conglomerate，PC），也就是基于研究设计而构建的若干单一行业组成的虚拟多元化公司①。由于伪多元化公司是由比较容易分析、受到同样的行业冲击的公司所组成，Cohen and Lou（2012）预计其价格将最先变化。因此，伪多元化公司投资组合的加权平均收益率能够预测配对的多元化公司未来的股票收益率。

Cohen and Lou（2012）发现了有力的证据支持他们的假

---

① 假设A是多元化公司，涉及采掘和地产两个行业且各占50%，则用单一采掘公司B和单一地产公司C构成伪多元化公司预测多元化公司A的股票收益。——译者注

设。具体来说，买入上月对应单一行业公司业绩较好的多元化公司的股票、卖出上月对应单一行业公司业绩较差的多元化公司的股票，会获得95个基点的市值加权月收益率，而同等的等权组合会获得118个基点的月收益率。这些结果不受规模、账面市值比、历史收益率和流动性的影响。此外，股票收益率没有任何未来将发生反转的迹象，这表明公司收益的可预测性源于投资者对基本面信息认识的不足，而不是短期的投资者情绪。

Lee et al.(2018)将公司间关联拓展至技术领域，发现股票价格对技术领域关联信息也存在类似的滞后反应。对于每个目标公司，他们利用历史申请专利分类，找到其在技术领域相关联的公司，并按照技术相似度加权计算技术关联公司的股票收益——技术关联收益。

Lee et al.(2018)发现，技术关联公司的股票收益能够显著预测目标公司未来的股票收益。买入上月技术关联公司收益最高的目标公司股票、卖出上月技术关联公司收益最低的目标公司股票，构建的投资组合可以获得1.17%的等权月超额收益。该结果和传统的行业动量不同，难以由传统的风险溢价假说予以解释，并且当目标公司技术投入比例高、投资者关注度低、套利成本更高时，这种"技术动量"更为显著。同时，利用技术关联收益还可以预测目标公司未来的未预期盈余。这些结果表明，投资者可能对有价值但更为复杂的技术领域的公司关联信息反应不足。

信息处理复杂程度的影响也能在其他许多研究中得到体现。例如，研究表明市场价格根据以下因素缓慢调整：(1)从以往记录中可以估计的公司创新产出效率(Cohen et al., 2013a)；(2)非常规内部人交易（Cohen et al., 2012）；（3）与特定行业有利益关系的立法者的投票情况（Cohen et al., 2013b）；（4）与其他公司联系更紧密的董事会（Larcker et al., 2013）；（5）更具信息含量的分析师盈余预测调整（Gleason 和 Lee, 2003）；（6）行业间领先—落后信息（Hou, 2007）；（7）缓慢变化的人口统计学信息（Della Vigna and Pollet, 2007）；（8）过去价格动量指标的相对显著性（Da et al., 2015）。

在每种情况下，预测信号都要求详细分析和处理公开可得的数据。以 Gleanson and Lee（2003）为例，市场参与者似乎了解分析师盈余修正的数值（数量大小），但不了解其质量（哪位分析师发布的修正，以及该修正是向一致预期靠近还是远离）。在 Cohen et al.(2012) 的研究中，市场参与者似乎在区分常规的内部人交易（不能预测未来股票收益）和非常规的内部人交易（能够预测未来股票收益）方面遇到困难。在 Da et al.(2015) 的研究中，他们发现与"温水煮青蛙"假设一致，市场参与者倾向于忽视频繁而逐渐发生的历史收益动量效应，但是能够充分理解偶然发生的剧烈的历史收益动量效应。我们无法详细介绍所有其他类似研究，但是其他同类研究的内涵与之前介绍的类似。

这些研究支持了信息复杂度影响市场价格调整速度的观点。在每种情况下，更不明显、更难以理解的新信息更有可能导致市场价格调整的延迟。显然，信息处理的复杂度是导致市场无法破译信息内涵的重要因素。

另一些有趣的发现来自会计学中有关"确认与披露"的辩论。简而言之，交易的经济结果可以在财务报表主表中报告

（确认），也可以记录在财务报表的脚注中（披露）。该领域文献一致的结论是：人们更重视在财务报表中确认的科目，而倾向于忽视在脚注中披露的科目（参阅 Bernard and Schipper，1994；Schipper，2007）。如果信息含量的质量是相同的，那么很难理解相比于在脚注中披露的项目为什么市场对确认的项目更加重视。

一种主流的解释是，脚注中的信息不太可靠，即因信息质量较差而被放入脚注。另一种解释是，投资者对脚注中披露项目的信息处理成本较高。如果投资者的注意力有限，那么更明显的数字（"确认"科目）相比于更不明显的内容（"脚注"科目）受到了更多的关注。

最近的一些研究结果似乎表明，可靠性差异不能完全解释脚注项目受到的关注不够（Ahmed et al.，2006；Michels，2013；Yu，2013）。当被放在脚注里而不是在报表中予以确认时，即使是高度可靠的房地产投资信托的公允价值，也有可能被认为不那么相关（Muller et al.，2005）。也许任务复杂度和有限注意力有助于解释市场对这些脚注项目的反应不足。

任务复杂度还可以解释另外一些与会计有关的市场异象。例如，Richardson et al.（2005）认为市场并不完全理解不同会计应计项目的可靠性差异。将总应计项目的这些组成部分依据可靠程度分类，他们发现，市场对应计项目中较不可靠（最不可持续）的组成部分的错误定价程度更大。最近，Call et al.（2015）研究了对公司层面应计利润和经营现金流的持续性的差异，发现这种差异对未来盈余的样本外预测很有价值。Call et al.（2015）表明，基于对持续性的度量并利用投资者只关注整体盈余这一特征而构建的交易策略能带来显著的经济回报。这些研究显示,任务复杂度会影响公开会计信息对价格的调整速度。

5.3.3 信息不确定性

信息不确定性是一个与有限注意力和任务复杂度紧密相关的概念。Jiang et al（2005）将信息不确定性定义为"估值模糊",或者是一个公司的价值能被最聪明的投资者以合理成本理性估计的程度。根据这个定义,高信息不确定性公司的预期现金流量不那么"可知",这可能是由其业务或经营环境的性质决定的。这些公司的信息获取成本较高,并且基本面价值的估计本质上不太可靠、更易发生变化。

Jiang et al.(2005) 和 Zhang（2006a）认为,上面定义的信息不确定性为理解实证资产定价中出现的大量研究提供了统一的框架。具体来说,之前的研究发现,有着较高波动率（Ang et al., 2006）、较高交易量（Lee and Swaminathan, 2000）、较高的预期增长（La Porta, 1996）、较高的市净率（Fama and French, 1992）、分析师盈余预测分歧度更大（Diether et al., 2002）、未来现金流量内含久期更长（Dechow et al., 2004）的公司,后期股票收益率均较低。在以上每种情况下,较高信息不确定性的公司未来收益较低。

这些实证结果令人费解,因为在标准资本资产定价模型或多因子资产定价模型中,非系统性风险没有被定价,各种信息不确定性的代理变量都无法预测未来收益。一些分析模型强调信息风险在资产定价中的作用（比如 Easley and O'Hara, 2004）,但即使在这些模型中,方向性预测与信息不确定性研究的发现也不一致。如果高信息不确定性公司具有较高的信息风险或较高的信息获取成本，那么为什么它们会获得较低的未来收益？

Jiang et al.(2005) 提出了信息不确定性效应的行为金融学解释。引用行为金融理论，Jiang et al.(2005) 注意到，当满足以下两个条件时会出现市场错误定价：（1）没有信息推动的需求冲击，即噪声交易；（2）理性套利的限制。他们的两个结论是：信息不确定性水平与一种特定形式的决策偏差（投资者过度自信）正相关；信息不确定性水平也与套利成本正相关。总而言之，这两种效应的共同作用导致高信息不确定性公司未来股票收益较低。

Jiang et al.(2005) 认为，投资者过度自信在高信息不确定性环境中更严重，导致对公开信号（比如最近公司利润或股票收益率所包含的信息）的反应不足更明显。作为假设的支撑，Jiang et al.(2005) 和 Zhang（2006a）发现，高信息不确定性公司的动量策略获利更大，即基于最近的未预期盈余或价格变动交易而产生的收益更大。在一项后续研究中，Zhang（2006b）发现，与股票收益率一样，分析师盈余预测也同样反应不足。由于分析师盈余预测不受公司风险或卖空成本的影响，Zhang（2006b）的结论直接证明了在高信息不确定性情境中，市场参与者倾向于对近期消息反应不足。

最后，Stein（2009）讨论了另外两种使主动投资策略更复杂的信息不确定性来源。第一种是与交易"拥挤度"有关的不确定性，即便最成熟的投资者也不能确定有多少其他投资者会同时进行相同的交易。我们已经在第 3 章看到，共同基金交易呈现同向的羊群效应（Arif et al., 2015），交易拥挤很常见，适用于任何拥有市场错误定价信息的交易者。

信息不确定性的第二个来源与使用"杠杆"的最佳水平有关。基金经理可以根据自己的回测检验和风险承受能力决定最优杠杆水平。但是，这些个人最优决策可能并不会使得整个行业的杠杆程度维持在最优水平。当宏观条件发生变化时，如果行业整体杠杆过高，外部的、导致市场崩盘的抛售行为更可能出现。当然，如果没有一些诸如市场监管机构的协调，就不可能达到整体最优的杠杆水平。在这种情况下，信息不确定性再次导致理性投资者寻求有效市场价格的成本上升。

总而言之，有限注意力、任务复杂度和信息不确定性对于精明投资者来说都是非常重要的。在这些问题更突出的情况下，市场错误定价会更严重、更持久。通过噪声交易者模型的观察，这三种信息的获取和处理成本影响市场定价，因为它们：（1）增大投资错误的可能性；（2）增大理性投资者识别和消除错误定价的难度。

5.4 策略的执行与实施成本

交易和实施成本是理性套利的重要限制。大多数资产定价研究集中于总收益率，而不考虑交易成本。然而，专业套利者的决策应该基于预期收益，即考虑与交易执行和策略实施有关的成本之后的净收益。因此，学术研究中发现的许多能预测未来收益的交易策略能够一直存在的一个可能解释是这些策略的套利成本实在太高了。

5.4.1 交易成本

最常见的交易成本包括：

- 费用和佣金，一般支付给经纪人；一些国家的证券交易所也征收"印花税"或"经手费"。
- 买卖价差，指买卖双方报价的价差。
- 价格冲击成本，又称价格滑点，也就是执行交易对股价造成的冲击。

估计佣金、费用和买卖价差相对来说比较容易，但对于专业资产管理者来说，在影响成本方面，它们不如价格那么重要。买卖价差对专业资产管理者的影响不大，因为它只反映了少数股票的双向交易成本。对于这些投资者来说，交易成本管理意味着最小化已完成订单的总成本，这些成本往往相当大。一般而言，交易成本主要来自买卖股票所产生的价格冲击。

一般来说，买卖股票的价格冲击取决于：（1）订单的大小；（2）股票的日均交易量（average daily volume，ADV）；（3）订单执行的紧急程度，这取决于所采用的投资策略的类型。相对于日均交易量"大"的订单（比如买入或卖出达到平均日成交量的5%及以上），可能会出现大幅度的价格滑点。此外，要求立即执行的急单（比如趋势追踪或动量策略）会比为其他人提供流动性（反向策略）的慢单造成更大的价格滑点。

Keim and Madhavan（1997）对机构股票交易执行成本的经典研究显示，纽约证券交易所/美国证券交易所上市股票的机构买入平均总成本为0.49%、机构卖出平均总成本为0.55%。在纳斯达克买入（卖出）订单的平均总成本为1.23%（1.43%），这表明总双向成本约为1%—2.6%。在Keim and Madhavan（1997）研究完成后的几年，交易成本大幅下降。在最近的一项研究中，Engle et al.(2012)根据摩根士丹利2004年实际订单，估计专业交易者的平均单向交易成本为纽约证券交易所股票的9个基点左右、纳斯达克股票的14个基点左右。换句话说，这些特定交易的双向交易成本分别为0.18%—0.28%，远远低于10年前的成本。

在最近的一项研究中，Frazzini et al.(2012)检验了1998—2011年发达国家19个证券交易所大型机构资产管理者的实际交易成本。他们使用近1万亿美元的实时交易数据，根据价值、规模、动量和价格反转策略来衡量与交易相关的执行成本和价格冲击。Frazzini et al.(2012)报告了每种类型策略的盈亏平衡量而非双向交易成本。换句话说，在扣除交易成本后，他们估计四种策略实现盈亏平衡在全球范围内所需的资本，结果显示运用价值、规模、动量和价格反转策略分别产生18 070亿美元、8 110亿美元、1 220亿美元和170亿美元的盈亏平衡资本。也就是说，运行大约1.8万亿美元的价值投资策略在扣除交易成本之后盈亏平衡。基于这一分析，他们得出结论，"标准资产定价模型的主要市场异象是稳健的、可实施的且规模相当大"。

除上述三项直接交易成本外，资产管理者还要承担其他执行费用，包括：（1）对冲成本，指的是持有相关对冲资产所付出的成本；（2）持有成本，有时被称为息差，指的是为等待两个资产价格收敛，在持有期限内付出的两个资产的息差成本，包括涉及杠杆的融资成本；（3）卖空成本，指的是为了建立空头头寸借入证券而产生的借券成本。

对冲和持有成本因采用策略的不同差异很大，超出本节讨论的范围。在下一节中，我们将重点关注与主动投资者特别相关的更常见的一类成本——卖空成本。

5.4.2 卖空限制

股票市场近年来受到越来越多学术关注的原因之一是卖空者所发挥的信息作用。学术研究结果表明，作为一个群体，卖空者是具有较高信息处理能力的精明投资者，参阅 Dechow et al.（2001）、Desai et al.（2002）、Drake et al.（2011）和 Engelberg et al.（2012a）。在当日内交易中，卖空现金流提高了日内价格的信息效率（Boehmer and Wu, 2013）。在全球范围内，国际资本市场引入卖空与国家层面资金成本的降低、市场流动性的增强、总体定价效率的提高是相关的（Daouk et al., 2006；Bris et al., 2007）。

鉴于卖空者对信息套利的重要性，卖空限制直接影响市场定价效率就并不奇怪了。许多研究将卖空限制与股票高估联系起来（参阅 Asquith et al., 2005；Geczy et al., 2002；Jones and Lamont, 2002；Ljungqvist and Qian, 2014；Beneish et al., 2015），即使暂时的卖空禁令也会阻碍被禁止卖空股票的定价效率（Battali and Schultz, 2011；Boehmer et al., 2012）。

制约套利交易的关键因素在于能否借到想要卖空的股票以及借券成本（Beneish et al., 2015）。虽然美国平均每日开放的空头现在超万亿美元，借券仍然在场外交易（OTC）市场上进行。在场外交易市场上，借券人（通常是对冲基金）必须首先联系主要的经纪人,这些经纪人咨询多个终端出借方以"找到"所需的股票。① 由于没有市场集中清算机制,借券市场参与者难以获得实时的整体状况。非美国特别是中国和印度等市场,由于可借的股票供应有限,这一问题更加严重。

我们的主要观点是,股票市场的信息效率与借券市场的信息效率存在无法避免的关联。② 当借券限制加大时,这些限制会降低标的股票的定价效率。

5.5 筹资和融资限制

5.5.1 获得套利资本金

如同所有业务,专业资产管理者需要筹集和保有资本金。为此,他们需要得到投资人的持续支持。当投资策略表现不佳时,这种支持尤其重要。不幸的是,在这样的时期往往更难获得资金支持。因此,当价格和价值之间的差异最大也最需要套利资本金时,资产管理者却经常遭遇融资限制(Shleifer and Vishny,1997)。融资限制的存在是套利机制不能消除错误定价的另一个重要原因。

如第3章中投资者情绪相关内容所述,流入不同资产类别的资本金在择时能力上表现非常差,最大量的资金流入股市通常预示着市场高点,而最大量的资金流出预示着市场低点

---

① 纽约证券交易所每月报告未平仓空头信息,纳斯达克每月报告两次未平仓空头信息,参阅 D'Avolio(2002)、Fabozzi(2004)、Kolasinski et al.(2013)和 Beneish et al.(2015)对股权借贷市场机构详细情况的总结。

② Blocher et al.(2013)对这两个市场构建了一个联合均衡模型。

第 5 章
套利成本

（Dichev，2007；Baker et al.，2012；Ben-Rephael et al.，2012；Arif and Lee，2015）。这些流入和流出模式也适用于单个对冲基金（Dichev and Yu，2011）。投资人从表现不佳的投资策略或资产类别中抽取出资金，并以其他方式重新部署这笔资金。但通常，这些资金流动似乎正好发生在之前表现不佳的投资策略或资产类别将要发生逆转的时刻。

公平地说，找到合适的资产管理者或合适的资产配置组合是不容易的。当价格有噪声时，可能需要很长时间才能区分有能力的管理者与幸运者（Grinold and Kahn，1999）。鉴于资金管理者之间存在足够的异质性，可能很难区分有能力的资产管理者和幸运者。事实上，Berk and Green（2004）表明，当管理能力必须依据过去的行为推断时，资金随业绩流动可能是理性的，尽管业绩本身并不持续。

当然，了解这个问题是一回事，克服这个问题就是另一回事了。在没有代理问题的模型中，当价格与基本面价值的背离进一步加大时，套利者普遍更积极（参阅 Grossman and Miller，1988；DeLong et al.，1990a；Campbell and Kyle，1993）。在这些模型中，资金约束是不重要的，因为套利由多个投资者进行。然而，正如 Shleifer and Vishny（1997）所观察到的，当管理的是别人的金钱的时候，现实世界中的套利通常只有一小部分专业投资者会追求高度专业化的策略。在这些情形下，当价格背离基本面价值最大时，资本限制反而达到最大值。也就是说，当最需要套利资本金以纠正严重的错误定价时，它却可能恰好枯竭。

Brunnermeier and Nagel（2004）为 Shleifer and Vishny（1997）的预测提供了一些实证支持。Brunnermeier and Nagel（2004）

检验了 2000 年 3 月科技泡沫之前两年对冲基金的行为。在科技股被极度高估的这个时期，Brunnermeier and Nagel（2004）发现对冲基金经理并没有对股价修正贡献力量；相反，他们大量投资于科技股，尽管许多人设法减少仓位以及时避免股价大幅下跌。一直不投资科技股股票的基金经理普遍表现不佳。事实上，持有科技股股票最少的基金——老虎基金，在科技泡沫破灭前就关闭了。

Hanson and Sunderam（2014）的研究进一步支持了 Shleifer and Vishny（1997）在套利限制方面的结论。在这项研究中，Harson and Sunderam（2014）使用卖空比例（当前卖空股数/已发行股数）推断用于量化套利策略的资本金量。他们发现，配置于价值和动量策略的资本金量从 20 世纪 80 年代末开始显著增长，并且资本金量的增加导致策略收益率降低。更重要的是，与 Shleifer and Vishny（1997）的结论一致，Harson and Sunderam（2014）的研究显示套利资本金的作用在策略表现最好时反而最有限。

5.5.2 市场流动性限制

大量学术研究分析 2007—2008 年全球金融危机，并在市场流动性限制的重要性方面给出了新的阐述。例如，He and Krishnamurthy（2013）针对资本市场危机期间风险溢价的动态变化建立模型，其中的边际投资者是金融中介。在他们的模型中，中介面临资本金限制。当金融中介的资本金稀缺时，风险溢价上升。与上述研究主旨一致，Brunnermeier and Pedersen（2009）提出了一个将资产的市场流动性（交易的难易度）和

第 5 章
套利成本

交易者的资金流动性（获取资金的难易度）联系起来的模型。在他们的模型里，交易员为市场提供流动性的能力依赖于他们的融资能力；反过来，交易员的融资能力（包含资本金和保证金需求）又依赖于资产的市场流动性。

Brunnermeier and Pedersen（2009）的一个特别有趣的特征是"流动性螺旋"的存在。在某些情况下，资本保证金要求不稳定，市场流动性和资金流动性彼此相互加强。在这些情况下，市场流动性可能突然枯竭，进而引发股价下跌、整体市场波动、资金向高品质资产转移、股价同步现象出现在平常并不相关的资产之间。该研究发现的结论源于：当投机者资金受限时，其对市场流动性和风险溢价带来的可预期的影响。

Cespa and Foucault（2014）的流动性崩盘的想法也非常精彩。在他们的模型中，股票的流动性及其价格向交易者传递该股票真实价值的信息。当股票 Y 发生外部流动性冲击时，其价格变得更没有信息含量，从而增大交易者的不确定性。由于这些交易者也交易其他股票（股票 X），如此第 2 只股票（股票 X）流动性就会降低，从而减少其价格所传递的有关股票 Y 的信息，导致股票 Y 的流动性进一步下降。然后，这样的状况会继续下去。像 Brunnermeier and Pedersen（2009）一样，Cespa and Foucault（2014）认为流动性限制是市场价格脆弱的来源。

Nyborg and Ostberg（2014）的实证结果与这些模型大体一致。Nyborg and Ostberg（2014）认为市场流动性紧张会导致银行"流动性回撤"，表现为直接或由杠杆投资者出售金融资产。为了支持这一假设，他们的结果表明，更紧密的银行间市场

(使用3个月期Libor-OIS差价衡量)① 与相对更高的高流动性股票交易量、整体卖出压力增加和短暂的负收益相关。

与以上研究一脉相承,Hu et al.(2013)研究全球资本金限制对美国国债收益率的影响。具体来说,Hu et al.(2013)指出,美国国债收益率曲线的平滑度由专业套利者决定,这些套利活动确保到期日相近债券的收益率类同。因此,债券价格与收益率曲线的偏差(称为"噪声")是套利资本金缺乏的表征。在有"噪声"期间,套利者缺乏足够的能力或意愿部署推动债券价格趋向基本面价值所需的资本金。

Hu et al.(2013)发现套利资本金的多少随宏观经济状况而波动。例如,噪声在政府预算盈余期间和美国国债发行量减少时下降。在资本金充裕时期,国债收益率与收益率曲线的平均偏差基本处于债券的买卖价差之内。而在市场流动性危机时期(如1987年10月的危机,长期资本管理基金破产和雷曼破产期间),美国有相似到期日的国债交易价格可能差别很大,这表明存在严重的错误定价。此外,在资金短缺时,Hu et al.(2013)发现,噪声往往超过买卖价差,表明交易机会并未被充分利用。

总而言之,理论模型和实证检验的证据都表明,市场资本金限制可能会影响定价效率。这种资本金限制会通过几个渠道来限制价格发现机制,包括但不限于减少贷款、减少杠杆所需的抵押物数量,以及增加为满足投资者赎回的现金储备。

---

① Libor是伦敦银行间同业拆借利率(London Interbank Offered Rate),OIS是隔夜指数掉期(overnight index swap),两个比率之间的差是银行间市场紧缩的一般衡量标准,即银行间相互对隔夜流动性定价的一种衡量标准。Nyborg and Ostberg(2014)还使用TED价差(3个月期Libor减去3个月期国库券利率)进行检验,发现了类似的结果。

5.5.3 资金限制和资产价格

套利者的资金限制有助于解释不同类别资产的市场定价吗？是的，事实证明，市场上套利资本金紧张可能对资产价格产生巨大影响。事实上，资产收益中与基本面没有明显关联的部分和套利资本金供应的变化是同向的。

一些最引人注目的证据来自 Adrian et al.(2014) 的研究。他们认为，资产价格应该由其与一个随机折现因子（stochastic discount factor，SDF）的协方差决定，这通常与总体财富的边际价值相关。他们的观点是，那些预期在未来取得财富高边际价值（如经济萧条时期）的资产往往在今天更值钱。大部分实证资产定价文献的重点是度量有代表性投资者的财富边际价值，这通常通过汇总所有家庭的财富得到。

另外，Adrian et al.(2014) 将注意力从度量一般家庭的 SDF 转到度量"金融中介 SDF"。受上述几个模型的启发，Adrian et al.(2014) 认为，如果能够度量主动投资者的财富边际价值，我们就可以为一大类资产定价。接着，Adrian et al.(2014) 使用证券经纪商的杠杆作为金融中介财富边际价值的代理变量。直观地说，当资金紧张且中介机构被迫去杠杆化时，他们的边际财富价值会比较高。

Adrian et al.(2014) 的实证结果强烈地支持这一推论。他们利用证券经纪商的杠杆作用，构建了"中介 SDF"，发现利用单因子模型为规模、市净率、动量和债券投资组合定价的 R^2 为 77%、年均定价误差为 1%。换句话说，基于证券经纪商之间资金状况的单一因素优于针对这些横截面定价的标准多因子模型，包括 Fama and French（1993）的三因子模型和 Carhart（1997）

包括动量因子和债券定价因子的五因子模型。

Adrian et al.(2014)的研究结果支持了最近不断发展的有关金融机构和资产价格之关联性的研究。他们写道：

> 我们的结果直接支持那些表明杠杆可以捕捉到金融中介机构随时间变化的资产负债表状况的模型。当资金紧张时，总资产量下降，正如近期的金融危机中中介被迫抛售资产。在资金紧张和杠杆下降的情形下，补偿收益的资产是有风险的，因此必须提供高收益。

为了防止混淆我们需要澄清一点：Adrian et al.(2014)所说的是，基于公司规模、市净率、动量和债券投资的主动基金经理面临常见的随机风险，这些在对冲基金中流行的策略能够在正常时期获得较高的预期收益；然而，当证券经纪商突然收紧资金时，他们就会面临亏损。

本章从套利成本的角度回顾实证资产定价研究中的最新成果。解释这些成果的一种方式是：的确有很多采用这些策略的投资组合获得了超额收益。事实上，专业套利者常常利用这些策略赚钱；然而，因为套利资本金的限制，利用这些方法下注是有风险的。随着时间的推移，当资本金撤回时，这些策略就会表现不佳。

5.6 小　结

尽管套利成本非常重要，学术界对此的理解和研究相比于投资实务界却少得多。许多学者很难理解为什么大量的精明投资者不会在错误定价出现之时就立即予以消除。本章回顾了有

第 5 章
套利成本

关套利限制的文献,并解释了专业基金经理在金融市场上塑造价格发现机制方面面临的一些实践挑战。

正如我们回顾的这些研究所显示的,寻求进行理性信息套利的精明投资者面临许多的成本和挑战。这些挑战可能会极大地限制金融市场中套利资本金的部署,导致重大的错误价格。这种影响在不同类别的资产中是普遍存在的,即使在最具流动性的金融市场上也具有重要的定价意义。面对如此强有力的证据,有效市场和无套利限制的观点显然很难站得住脚。

我们讨论了三大类套利成本和限制因素,它们是:(1)识别/核实错误定价;(2) 实施/执行策略;(3) 筹资/融资限制。这三种类型的成本适用于试图从市场错误定价中获利的任何专业资产管理者。大部分关于套利限制的研究集中在第二类和第三类——实施/执行成本和融资/筹资限制。虽然这两类限制很重要,但我们认为第一类——与识别/核实错误定价相关的成本和风险也值得更多的学者予以关注。在这一领域,我们发现最近关于投资者有限注意力和任务复杂度的研究取得了不小的进展,而且未来具有很大的发展前景。

我们想要传递的核心理念是:现实世界的套利是一个需要不断提高技巧的信息博弈。当资产管理者尝试识别/核实、融资/筹资和执行/实施主动策略时,他们会面临重大的不确定性和风险。在这个过程的每个阶段,他们需要更多、更精准、更可靠的信息。正确的信息可以帮助资产管理者识别/核实错误定价、降低风险、确保资金量并改善交易的执行。我们的期望和愿景是学术界能够发挥重大的作用,将这些重要信息传递给更多人。

第6章
研究方法论：资产收益的可预测性

资产收益究竟能否被预测，这一问题长期以来备受争议。争议的背后，则体现出有效市场假说和证券分析实务之间的内在矛盾。根据有效市场假说，资产价格及时、充分地反映了市场中所有可得的信息，因此任何可预测的收益本质上都是对风险的补偿——风险补偿说，即便我们尚且无法识别这些风险的来源（Fama，1970）。另一阵营则认为，资产价格并不总是正确，这是证券投资的前提条件。精明投资者能够利用公开信息识别错误定价中的套利机会，从而获取超额收益——错误定价说。上述两种观点形成了鲜明的对比，也激励着学术界和实务界提出更有效的研究方法，以更好地理解资产收益可预测性的来源。在本章，我们将讨论一些有用的技术手段，以区分资产收益可预测性的风险补偿说和错误定价说。

本章关于研究方法的讨论，对学术研究和投资实践都具有启发意义。学术界和实务界均观察到超额收益的存在，并且希望理解其存在的原因。从投资实践的角度看，投资者天然会对区分错误定价和风险补偿感兴趣，因为两者的相对强弱决定了投资机会的吸引力：错误定价意味着投资者可以通过合理的投资策略获得潜在的超额收益；风险补偿则意味着投资者获得的高收益是以承担高风险为代价的，因此投资者以亏损收场的可能性更大。

从学术研究的角度看，如今想要在顶级期刊发表关于股票超额收益的研究，需要满足非常苛刻的标准。如果研究者仅仅发现超额收益在统计意义上存在，但不能合理解释超额收益背后的原因或至少提供直觉上的解释，那么这项研究就会受到审稿人的质疑。即使最终得以发表，除非后续研究能揭示超额收益背后的经济学或心理学基础，否则这项研究仍将难以得到广泛认可。

更加棘手的是，风险补偿和错误定价常常同时影响收益的可预测性。在很多情况下，因错误定价而导致更高预期收益的资产常常面临更高的风险，这也为学者和投资者提出了新的议题：如何辨别超额收益是来自风险补偿还是来自错误定价？研究者尤其是学术研究者，需要具体给出哪些证据以区分两者？本章将讨论这些问题，并对未来的研究提出一些建议。

6.1 对风险因子的暴露

风险补偿说的逻辑是：相比于低风险资产，高风险资产拥有更高的预期收益率。更高的预期收益率反映了投资者因持有损失可能性更大的资产而获得的风险补偿。基于这一逻辑，研究者可以比较实际收益率和使用特定方法计算的预期收益率，以此区分错误定价和风险补偿。实际收益率和预期收益率之间若存在系统性偏差，则往往是市场非完全有效的初步证据。

第 6 章
研究方法论：资产收益的可预测性

最常用的计算预期收益率的方法是线性因子定价模型，例如资本资产定价模型或套利定价模型。在这类传统的资产定价模型中，风险因子往往描述当前的经济状况，资产预期收益率则是对风险因子暴露度或敏感度的补偿。Cochrane（2011）指出，在线性资产定价模型中，受到 Z 个风险因子影响的资产的预期收益率可以表示为：

$$E(R_{i,t}) = \gamma + \beta_{i,a}\lambda_a + \beta_{i,b}\lambda_b + \cdots + \beta_{i,z}\lambda_z \qquad (6.1)$$

其中，β 表示资产对风险因子的暴露度，风险因子暴露度更高的资产往往面临更大的风险，因此投资者会要求更高的风险溢价；λ 表示均衡条件下特定因子的风险补偿，通常被称为因子收益（factor return），衡量投资者因承担不同维度的不可分散风险而要求的溢价。

公式（6.1）表明，资产的预期收益率等于资产对不同风险因子的暴露度 β，乘以承担 1 个单位特定风险因子所要求的风险补偿 λ。一个较为特殊的例子是资本资产定价模型中 β 系数为负（从而预期收益率也为负）的资产，这些资产的特性是当市场下跌时才会上涨。投资者之所以能接受该资产的预期收益率为负，可能是因为当宏观经济陷入困境、市场组合价值下跌时，持有这样的资产所带来的财富边际效用最高。

在线性因子定价模型中，超额收益率是指资产实际收益率与预期收益率之间的系统性偏差。在实证研究中，如果研究者已经识别出一系列可以估计预期收益率的因子，那么她可以将历史的资产收益率和因子收益率代入下面的时间序列模型，模型的回归系数就是资产对因子的暴露度 β：

$$R_{i,t} = \alpha + \beta_{i,a}f_{t,a} + \beta_{i,b}f_{t,b} + \cdots + \beta_{i,z}f_{t,z} + \varepsilon \qquad (6.2)$$

其中，f是实证中风险因子溢价的代理变量，常用的包括市场组合相对无风险收益率的超额收益率，以及各类根据事前的公司特征排序得到的因子模拟组合收益率等。

例如，Fama and French（1993）提到的因子组合包括：市场因子，市场组合相对于无风险收益率的超额收益率（MKT）；市值因子，小公司和大公司之间的收益率差异（SMB）；账面市值比因子，高 B/M 公司和低 B/M 公司之间的收益率差异（HML）。将个股收益率或投资组合收益率对这些因子收益率进行时间序列回归，回归的截距项即股票或投资组合的超额收益率。Carhart（1997）对以上模型稍加调整，进一步加入价格动量因子（过去的"赢家组合"和"输家组合"之间的收益率差异，UMD）。这些研究较好地将实际收益率中归属于风险补偿的部分分离出来，剩下的超额收益率部分（截距项）则更有可能来自错误定价。

除了基于因子收益的时间序列回归模型，常见的还有基于公司特征的横截面回归模型。该模型在控制一系列公司特征之后，检验特定的预测信号在横截面上是否还能预测未来收益（参阅 Fama and French，1992）。研究者通常在不同的时间维度（如月度、季度和年度）进行多组横截面回归，每组回归的被解释变量是股票的未来收益率，解释变量包括一个待检验的信号和多个公司层面的控制变量。这些控制变量试图控制横截面上的风险变化，常见的包括公司规模、账面市值比和价格动量等。如果待检验信号在控制了这些控制变量后还能具有显著的预测力，那么收益的可预测性便不太可能来自风险补偿。

基于因子收益的模型（Fama and French，1993；Carhart，1997）和基于公司特征的模型（Fama and French，1992）已经

第 6 章
研究方法论：资产收益的可预测性

成为研究资产实际收益率的常用方法①，优势在于它们与资产定价理论具有密切的联系，模型中的因子能够代表系统性（市场层面的、不可分散的）风险的来源。资产定价理论认为，在均衡条件下，只有不可分散的风险（资产对特定因子的敏感程度或暴露度）才应该被定价，因此预期收益率应当是股票对这些风险因子的敏感度的函数。

上述两种模型的另一个优势在于适用范围很广。尽管基于因子收益的模型更常用来解释股票收益率，但它也适用于其他金融资产，如债券。Fama and French（1993）提出，考虑到金融市场不同类别资产的关联性，单个模型应该具备解释所有资产类别预期收益率的能力。这一观点也促进了除股票市场之外的其他金融市场有关市场有效性的研究和检验。

从投资者的角度看，这两种模型都很有实用价值。即便我们无法确定因子收益或公司特征本身代表的是风险补偿还是错误定价，理清股票或投资组合的实际收益率在多大程度上与这些因子收益或公司特征无关，对投资实践仍将很有帮助。例如，投资者可以用这两种模型评估一个新的预测信号相对于已有因子模型或者预测信号的增量解释力。

不过我们也应该意识到，这两种模型存在局限性。核心的问题是 Fama（1991）提到的模型设定偏误。资产定价模型设定的初衷为检验实际收益率相对于模型估计的预期收益率是否存在系统性偏差。如果模型本身的设定有误，那么它就不能帮助我们区分风险补偿和错误定价。遗憾的是，资产定价理论并没

---

① 参阅 Fama and French（1997）、Elton（1999）和 Pastor and Stambaugh（1999）。

有告诉我们,除了市场组合收益,还有哪些因子应当被纳入资产定价模型。

更糟糕的是,即使是那些最常用的因子,也缺乏相应的资产定价理论基础。例如,价格动量因子 UMD(Carhart,1997)和账面市值比因子 HML(Fama and French,1993)是两个常用的风险因子,但两者与均衡资产定价理论下的宏观风险都没有特定的相关性。不过,从识别错误定价的角度看,如果这些因子本身就意味着错误定价而非风险补偿,那么基于这些因子收益的模型就会高估风险溢价对实际收益率的解释力,若在这种情况下特定信号仍有超额收益则结果应当更为稳健。

总之,最常用的资产定价模型起源于均衡资产定价理论,但其区分风险补偿和错误定价的能力则受限于模型设定的合理性。如果模型自身设定有偏误,研究者就无法拒绝"收益的可预测性来自对尚未识别或无法观测的风险因子的暴露"这一原假设。然而,最常用的因子往往是经验主义的,是由过去的实证研究证实有用的,而不是由均衡资产定价理论推导出来的。因此,尽管这些模型在资产定价实证研究中已成为范式,但它们能否真正区分风险补偿和错误定价仍然值得进一步探讨。

那么,还有其他方法区分风险补偿和错误定价吗?下面将介绍几种其他方法,帮助我们更好地理解股票收益可预测性的来源。

6.2 区分风险补偿和错误定价

为了区分风险补偿和错误定价,我们不妨先作个假设:如

第 6 章
研究方法论：资产收益的可预测性

果收益的可预测性全部来自风险补偿，那么什么类型的风险因子能产生我们所观察到的收益模式呢？换言之，这些风险因子应该具有怎样的规律和性质？经过这样的思考，我们常常发现，基于风险补偿的解释在"常识"上就说不通。

例如，市场中存在盈余公告后股价漂移现象（post-earnings announcement drift，PEAD）。该现象是指在盈余公告发布后，拥有好消息的公司的股票收益会继续跑赢市场，而拥有坏消息的公司的股票收益则会继续跑输市场。相关文献还指出，该现象在拥有坏消息的公司中更为显著。现在假设盈余公告后股价漂移现象是由风险因子导致的，那么按照风险补偿解释，拥有好消息的公司收益高是因为风险高，而拥有坏消息的公司收益低是因为风险低——这显然违背常识。更进一步，为了说明为什么盈余公告后股价漂移现象在拥有坏消息的公司中更为显著，风险补偿说还需要解释为什么坏消息能够导致负的风险溢价。总而言之，准确地了解所观察到的收益率特征（例如关注在何时、什么情境下收益可预测性最高），不仅有助于我们区分风险补偿和错误定价，还有助于研究者理解市场摩擦对投资策略收益的影响（关于这点，我们将在下面详细讨论）。

基于同样的思路，Dichev（1998）和 Piotroski（2000）发现，和基本面更差的公司相比，基本面更好的公司不但具有更高的未来股票收益，而且未来的经营业绩也更好。如果按照风险补偿的解释，则意味着基本面更好的公司具有更高的风险，而风险厌恶的投资者会倾向于持有那些基本面更差、未来经营业绩更低的公司的股票。这一系列推断也有悖常识。

近年来，一些研究者试图通过其他符合"常识"的检验来区分风险补偿和错误定价。例如，Ohlson and Bilinski（2015）认为，风险意味着资产未来获利能力的不确定性，因此高风险股票未来获得正收益率和负收益率的概率都更大。如果一个预测信号能够增大极端正收益率的概率，同时减小极端负收益率的概率，那么这个信号更可能来自错误定价而非风险补偿。采用这种方法，Ohlson and Bilinski（2015）认为应计异象不太可能是风险补偿导致的。

Daniel and Titman（1997）和 Hirshleifer et al.（2012）则利用经典资产定价模型的一个推论区分风险补偿和错误定价。根据资产定价理论，一个信号能够预测未来收益，本质上是因为该信号对风险因子的暴露度决定了预期收益率。由此推论，如果使用基于该信号构建的因子模拟组合预测未来收益，那么资产对因子模拟组合的 β 系数（因子暴露度）就应当比信号本身具有更强的预测能力。然而与推论相反，Daniel and Titman（1997）和 Daniel et al.（1997）发现，公司的账面市值比相比基于账面市值比因子得到的 β 系数具有更强的预测未来收益的能力。Hirshleifer et al.（2012）使用同样的方法考察应计利润，发现公司的应计利润能够预测未来股票收益，而基于应计利润模拟组合得到的 β 系数则没有预测能力。类似地，Momente et al.（2015）将应计利润分解为公司特质性部分和系统性部分，并发现只有公司特质性应计利润能够预测未来收益。这也与资产定价模型的推论相悖：根据资产定价理论，预期收益是对系统性风险的补偿，如果应计利润来自风险补偿，那么应计利润中的系统性部分就应当具有更强的预测能力。这一系列发现有力地驳斥了应计异象的风险补偿说，说明应计异常更可能是由于投资者错误估计了应计利润中关于未来现金流的信息。

尽管这些常识性检验不能完全拒绝或接受风险补偿说，但能引导研究者思考：什么风险可能会影响投资策略的超额收益？在研究一个信号预测收益的能力时，研究者通常首先假定风险补偿说成立，再进行一系列的检验，观察结果是否有悖于基于风险补偿的解释。通过不断的分析和比较，对于该信号的预测能力究竟是来自风险补偿还是来自错误定价，研究者会逐渐形成自己的判断。

6.3 短窗口期收益

会计学术研究的一大目标是，识别不能及时反映在股票价格中的盈余信息。研究者对历史财务数据进行细致分析，识别出价值被高估或被低估的股票。当价格没有准确、及时地反映未来现金流状况时，价格就会偏离基本面价值，投资机会就出现了。随着后续盈余信息的逐渐披露，错误定价也会被逐渐纠正，价格逐渐回归基本面价值。

由于未来的信息披露具有纠正预期偏差的作用，许多研究试图通过检验后续盈余公告窗口期的收益来区分风险补偿和错误定价。早在 Bernard and Thomas（1990）的研究中，他们就注意到，当后续盈余信息公布时，投资者对公司基本面的不确定性随之消失，原先对公司基本面的反应过度或反应不足也会随之被纠正。因此，当投资策略的超额收益集中在后续盈余公告窗口期附近时，超额收益来自错误定价的可能性大大增加。

研究者偏好短窗口期收益检验的另一个原因是，当只计算两三天的股票收益时,模型设定偏误的影响较小。例如 Lee and Swaminathan(2000)提到,在盈余公告窗口期内,预期收益的横截面差异很小。因此,当超额收益集中在后续盈余公告窗口期附近时,更有可能的情况是:投资者对公司未来盈利能力的预期偏差被修正了。①

Bernard and Thomas(1990)的研究是一个绝佳的例子,展示了如何利用盈余公告窗口期收益区分盈余公告后股价漂移现象是来自风险补偿还是来自错误定价。他们指出,投资者低估当前盈余对未来盈余的指示作用是产生盈余公告后股价漂移现象的核心原因。具体而言,公司的未预期盈余(earnings surprise)存在序列相关性,如果公司当前盈余公告有好消息(未预期盈余为正),那么在后续盈余公告中大概率也会有好消息,此时公司价值被低估;相反,如果公司当前盈余公告有坏消息(未预期盈余为负),那么在后续盈余公告中更可能也是坏消息,此时公司价值被高估。按照这一逻辑,当后续盈余公告实际披露时,投资者对未来盈余的不确定性消失,先前的估值偏误应当得到显著修正。Bernard and Thomas(1990)通过实证检验,发现结果的确如此:盈余公告后股价漂移现象带来的超额收益集中在后续盈余公告的窗口期;同时,盈余公告后股价漂移现象在盈余可预测性高的公司中更为显著。这些证据表明,投资者未能充分理解当前盈余对未来盈余的指示作用,从而产生了错误定价。

---

① Kolari and Pynnönen(2010)发现,盈余公告的集中发布可能会导致错误拒绝超额收益为零的原假设,这一效应在不同公告信息的基调(好消息或坏消息)和程度相关时更加显著。我们将在后续部分讨论显著性检验。

第 6 章
研究方法论：资产收益的可预测性

Sloan（1996）的研究则是另一个极好的例子，展示了如何利用盈余公告窗口期收益区分应计异象是来自风险补偿还是来自错误定价。他们指出，应计利润占比高的公司的盈余持续性更差，未来业绩更可能下降，但投资者未能充分意识到这一点，从而导致高应计利润公司的价值被高估。Sloan（1996）的实证结果表明：相比于应计利润较低的公司，应计利润较高的公司未来一年的收益率低10%左右；同时，约40%的超额收益集中在后续盈余公告窗口期。这一现象说明投资者在后续盈余公告时发现高应计利润公司的业绩不如预期，从而纠正之前的错误定价。

6.4 其他非收益率指标

只利用收益率和风险指标是难以区分风险补偿和错误定价的，这是因为超额收益总是可以归因于对尚未识别或无法观测的风险因子的补偿。作为替代方案，我们需要找到一类不依赖市场价格但又能反映投资者预期修正的代理变量，并分析预测信号和这类代理变量之间的相关性。

例如，分析师盈余预测和评级可以作为投资者对公司业绩预期的代理变量，因此研究者通常会检验特定信号能否预测分析师盈余预测和评级的变动（参阅 Doukas et al.，2002；Teoh and Wang，2002；Bradshaw et al.，2006；Piotroski and So，2012）。So（2013）发现，投资者在投资决策时过度依赖分析师盈余预测，而忽视了分析师盈余预测可能存在的偏差。比较利用基本面信息估计的盈余和分析师盈余预测之间的差异，我们不仅可以预测分析师盈余预测偏差和盈余预测修正，还可以预测未来股票收益。这说明投资者和作为信息中介的分析师，可能对同样的信号产生错误定价。

基于对分析师盈余预测修正的检验，研究者能够直接衡量这些精明的市场参与者的预期偏差和修正。更重要的是，这类指标和收益率无关，因此能够消除因无法控制潜在风险因子而产生的顾虑。

6.5 分期间和分样本

对于学术研究而言，检验收益的可预测性往往从提供大样本的实证证据开始。研究者通常选取大量的样本公司，在相当长的期间内检验特定信号与未来股票收益的相关关系。尽管得到的证据可能说明某种市场异象的存在，但这毕竟还是样本内检验，并不意味着该信号能够用来构建实际交易策略。

为了提升结果的可靠性，研究者还要提供大量的稳健性检验，例如分期间和分样本的检验。所谓分期间检验，就是检验特定信号对收益的预测能力在不同时段的结果是否稳健。分期间检验的重要性体现在以下几个维度：

第一，检验超额收益是否在不同期间保持稳定。稳定的超额收益意味着收益的可预测性并非来自特定期间的统计偏差。

第二，检验投资策略能否用于实际交易。为了避免数据的前视偏差，研究者需要检查不同期间的信息环境，并确保在构建投资组合时只使用构建时点公开可得的信息。

第三，识别收益的可预测性是否随着宏观经济的变化而变

第6章
研究方法论：资产收益的可预测性

化。如果投资策略的超额收益来自风险补偿，那么当市场环境不好时（如大萧条或市场衰退期间），该策略的业绩应该也会变差。例如，Lakonishok et al.(1994) 检验了不同经济环境下逆向投资策略（买入价值股/卖空成长股）的收益率变化，发现在经济萧条期，逆向投资策略的收益并不会下降，有时甚至比在非经济萧条期更有效。这一结果有力地质疑了基于随时间变化的折现率解释价值溢价的风险补偿说（参阅 Zhang, 2005）。

第四，检验由于投资者对已知错误定价的识别和套利行为，市场非效率是否随时间而缓和。例如，Green et al.(2011) 发现，由于利用应计利润进行套利的资金越来越多，Sloan（1996）发现的应计异象随时间而逐渐减弱。McLean and Pontiff（2013）则检验了学术研究识别能预测未来股票收益的 82 组投资策略，发现在学术研究发表后，与这些策略相关的交易活动增加了，而与这些策略相关的超额收益减少了，并且该现象在公司规模更大、流动性更好的股票中更为显著，这说明市场摩擦显著影响了收益的可预测性。类似地，利用随时间变化的市场摩擦（如证券卖空限制）或市场情绪（如投资者非理性程度），研究者还可以检验在时间序列上，超额收益的变化能否反映市场摩擦或市场情绪的变化。

最常见的分期间检验来自 Fama and MacBeth（1973）所谓的 Fama-MacBeth 回归。回归的被解释变量是未来股票收益，解释变量包括待检验的信号和一系列用来刻画风险特征的控制变量。研究者在不同的时间维度（月度、季度或年度）进行多组横截面回归，每期回归得到待检验信号的估计系数后，再对各期回归的估计系数进行统计检验——是否显著异于 0，以探究信号能否在不同期间稳定地预测未来股票收益。

Fama-MacBeth 回归优于混合样本回归（pooled regression），因为它提供了超额收益在不同时段是否稳定的证据。但其局限在于，即便发现待检验信号与未来股票收益存在稳定且显著的相关关系，也无法说明超额收益是来自风险补偿还是来自错误定价。事实上，一些有效市场假说的支持者认为，稳定的相关关系反而说明超额收益更有可能来自风险补偿。因为如果来自错误定价，那么套利行为应当会逐渐纠正市场价格中的预期偏差，超额收益应当随着时间的推移而逐渐减少。

此外，研究者也经常进行分样本检验，以探究特定信号对收益的预测能力在不同子样本中的结果是否稳健。最常见的分样本检验是将样本按照公司规模分组。由于小公司的套利限制更多、信息获取成本更高，若超额收益来自错误定价，则往往在小公司中表现得更为显著。类似地，利用分样本检验，研究者还可以探究投资策略在不同的行业、买卖价差、分析师覆盖度、信息不确定性和市场流动性中的稳健性。

6.6 退市偏差和幸存者偏差

当检验投资策略的超额收益时，研究者需要特别考虑数据处理和研究设计的细节，以避免超额收益的统计显著性被人为放大。一个典型的例子是 Shumway（1997）提出的退市偏差（delisting bias）。当公司从纳斯达克或纽约证券交易所退市时，就会从研究样本中消失，如果研究者未能考虑到这一点，就会产生退市偏差。Shumway（1997）发现，许多公司因破产或业绩不佳而退市，但数据库中这些公司的未来股票收益数据为空值，研究者往往当成零值处理，而不是采用正确的退市收益率。例如，当一家公司从美国股票交易所退市后，公司股权还可以在场外市场交易，但交易价格将显著降低。一般而言，退市收益率为-35%—-50%。如果研究者没有考虑退市偏差，当投资策略倾向于买入退市公司股票时，将会显著高估策略所带来的超额收益。

另一个相关的例子是幸存者偏差（survivorship bias）。当研究者没有选取在构建投资策略时点之前公开可得的样本，而选取该时点之后留存在数据库的样本时，就会出现幸存者偏差。这一现象常常出现在研究者或数据供应商采用某一时点的公司样本进行数据回填的时候。此时，没有被选入样本的公司并不是随机决定的，而是由某些极端事件（如破产、停业、退市和兼并等）所导致的，这将导致许多极端负收益的样本被剔除，从而高估了样本公司的收益。研究者应当特别注意样本公司的选取时点，当未来股票收益不可得时，应当采取相应措施减轻幸存者偏差的影响。例如，Shumway（1997）建议判断公司退市的原因，并针对退市原因相似的公司采用平均退市收益率进行计算。

6.7 规模、流动性与策略可行性

即便能够排除风险溢价的解释，收益的可预测性也不一定意味着存在错误定价。一个常用的判断错误定价的基准是：由可预测的收益所带来的经济利润超过执行交易所花费的成本。

在这种解释下，错误定价意味着在扣除交易成本之后，投资者仍然能够通过执行特定的投资策略来获得正向的风险调整后收益。

交易成本和资本限制是影响投资策略是否可行的关键因素（Malkiel and Fama，1970）。当投资者实际执行投资策略时，交易成本往往会对最终的投资业绩产生重要影响。例如，当买卖股票时，投资者需要承担买卖价差成本。在现代金融市场中，做市商作为流动性的提供者，通过匹配买卖双方并作为各自交易的对手方来促进交易。由于做市商会面临逆向选择风险、存货持有风险和订单执行成本，他们报出的"卖价"（ask price，指做市商愿意以该价格卖出股票）一般会超过"买价"（bid price，指做市商愿意以该价格买入股票），以赚取买卖价差（Glosten and Harris，1988；Huang and Stoll，1997）。从投资者的角度看，正的买卖价差意味着实际的交易价格和计算股票收益所采用的收盘价是不一样的，按照做市商报出的卖价买入股票，意味着投资者要支付比中间价更高的成本，从而使实际收益率下降。因此，如果不考虑成交价格和收盘价或中间价的差异，那么研究者会高估投资策略的收益率。

更为一般地，交易成本的存在意味着观察到的收益率并不等于实际可获得的经济利润。由于大公司的交易成本约束较小，一个常用的检验错误定价的方法是，检验某个特定信号能否预测大公司的未来股票收益（参阅 Fama and French，2008）。若该信号在大公司样本中能显著预测未来股票收益，则说明在扣除交易成本后，投资策略仍然可以获取超额收益，存在错误定价的可能性更大。尽管有时出于媒体关注、投资者情绪等非流动

第 6 章
研究方法论：资产收益的可预测性

性原因，大公司的股票收益也无法被预测；但若收益预测性集中在小盘股，则研究者必须加倍小心，因为小盘股的交易成本可能很大。由于许多投资机构对投资策略的最小交易规模和流动性条件有要求，当收益预测性集中在小盘股时，专业投资者从投资策略中获利的能力就会受到限制。

更为严谨但计算量较大的方法是，直接计算扣除交易成本后的收益率（参阅 Amihud and Mendelson，1980；Lesmond et al.，1999；Hasbrouck，2009）。这些研究提供了针对买卖股票成本的直接估计，从而有助于研究者和投资者判断考虑交易成本后投资策略能否获利。Sadka（2006）和 Ng et al.（2008）关于盈余公告后股价漂移现象的研究就采用了这种方法。他们发现，基于盈余公告后股价漂移的策略，很大一部分的超额收益会受到盈余公告日附近交易成本的影响，从而导致投资者不能有效地将盈余信息纳入市场价格并从中获利。

6.8　评估经济显著性

在学术研究中，收益的可预测性主要体现在假定投资者执行投资策略所能赚取的超额收益。这种估计得到的"纸面利润"通常会进行风险调整，并以年化收益率的形式展示。尽管经风险调整的年化收益率是一个重要的指标，但仍不能充分展示错误定价的经济显著性。

错误定价的经济显著性，取决于投资者基于特定信号小心谨慎地实施投资策略并最终能赚取的超额收益额（dollar alpha）。有些投资策略虽然年化收益率较高，但只适用于少部分公司的股票，或者只在偶然事件发生时才能应用，与应用范围广得多的价值或动量投资策略相比，这些投资策略能赚取的超额收益额很小，经济显著性也十分有限。类似地，有些投资策略如果只在小盘股和流动性较差的公司股票中有效，那么在考虑交易成本后，这些策略所赚取的超额收益额也是十分微薄的。

因此，当评估收益可预测性时，我们鼓励研究者从三个维度评估投资策略的经济意义：（1）年化收益率（annualized returns）；（2）宽度（breadth），即策略的适用性；（3）规模性（scale），即策略的容量。

年化收益率是指假定所得收益再投资时，执行投资策略所获得的年复合收益率。为了提高研究的可比性，有时还会考虑扣除交易成本后的年化收益率。然而，年化收益率并不能反映实际执行交易时的获利情况，因而常被称为"纸面利润"。

宽度是指投资者在一定时期根据预示信号进行交易时的投资机会数量。例如，价格动量的构建只需要滞后期间的股票收益数据，每个交易区间（如周或月）都包含上千家公司，因此动量投资策略具有较大的宽度。投资者偏好宽度较大的投资策略，因为它们：（1）使得研究者在对信号进行分类和组合时具有较高的灵活性，例如可以同时考虑价值和动量；（2）使得严格的样本筛选标准成为可能，例如更严格的公司规模和流动性要求；（3）使得研究者和投资者更有可能同时买入与卖空股票，构建对冲组合。相反，基于偶然事件的投资信号（例如盈余公告或管理层预测等）的投资策略往往宽度较小，因为这些策略仅适用于特定时间，交易机会有限。

规模性是指投资策略在资金量增加时是否具有持续获利能力。当策略的资金量增加时，投资者将面临更高的执行成本和价格冲击，若只看年化收益率则会高估策略的实际获利能力。第5章已经提及，Frazzini et al.(2012)的研究利用实时交易数据评估价值、规模、动量、价格反转等策略在各国资本市场中的资金容量。尽管可能难以获取实时交易数据或者难以直接估计边际投资者的交易成本，比较等权和市值加权投资组合超额收益的其他研究也能提供相关的证据。当投资组合在市值加权时具有超额收益，则意味着该策略在规模更大、流动性更好、交易成本更小的股票中仍然有效。类似地，研究者也可以将样本公司按照证券交易所的市值分位数或其他流动性指标进行分组，检验各组的超额收益状况，从而更好地评估策略的资金容量和执行成本。

6.9 检验统计显著性

在评估收益可预测性的证据时，研究者面临两个相关的问题：第一，可预测的收益反映了风险还是错误定价，抑或是两者的组合？第二，可预测的收益在统计上的显著性是多少？只要研究者采用了恰当的业绩基准或检验方法，显著性检验不仅能够说明收益可预测性是否存在，还能够说明策略在收益和风险之间的权衡。事实上，研究者通常用 T 统计量作为夏普比率的近似替代，因为两者同时考虑了策略的收益和标准差（风险）。

在资产定价研究中进行显著性检验并不容易，首先要确定一些合理的假设。标准的回归方法如普通最小二乘法（ordinary least squares，OLS），就建立在回归残差独立同分布（independently and identically distribution，IID）假设的基础上。举例来说，对某个待检验信号的回归分析可以表示为：

$$R_{i,t} = \alpha + \beta_i \text{SIGNAL} + \varepsilon \qquad (6.3)$$

其中，$R_{i,t}$ 为实际收益率，SIGNAL 表示待检验信号，ε 是回归残差。但在实际分析中往往会遇到一个问题：回归残差在不同期间或不同公司之间可能是相关的，从而违反普通最小二乘法的基本假设，导致估计的标准误存在偏差。再如，我们之前讨论的 Fama-MacBeth 回归，需要假设同一公司在不同期间的收益率不相关。如果这一假设不成立，每期估计的回归系数就会被误认为是独立的，从而使得各期系数的标准误被低估、T 值被高估，导致研究者过度拒绝收益不显著的原假设。

利用模拟数据和历史数据，Peterson（2010）针对显著性检验作出了很好的概括。他指出了针对标准误的错误估计所致偏差的严重性，以及在资产定价研究中进行显著性检验的合理方法。Peterson（2010）总结道，对标准误进行聚类处理是一种简单且高效的方法，可以在很大程度上消除资产定价研究中因不满足残差独立同分布假设所带来的负面影响。

具体而言，当残差独立同分布假设不成立时，由于错认为不同样本（不同时间或不同公司）之间相互独立，标准回归方法将会低估系数的标准误。而对标准误进行聚类处理，本质上是利用估计的残差协方差矩阵调整估计系数的标准误，从而解决样本独立性的问题。Gow et al.(2010)在会计学文献中发现了类似的结论，即不使用聚类分析会导致研究者错误地拒绝原假设。这些研究都展示了在显著性检验中阐明假设条件的重要性，并强调了稳健性检验的必要性，以保证研究者的显著性检验是恰当的。

6.10　长窗口期收益

许多讨论收益可预测性的金融学和会计学文献研究了长窗口期收益，窗口区间一般为 1—5 年。研究长窗口期收益，在模拟长期投资者的投资收益率、识别长期收益模式的变化（如长期反转）等方面具有一定的优势；但是，由于长窗口期收益结果对不同的检验方法十分敏感，因此也会引发一些问题。例如，Fama（1998）在回顾市场异象相关文献时说道："如果使用更合理的方法，绝大多数长窗口期下的市场异象将不复存在。"①

Kothari and Warner（1997）、Barber and Lyon（1997）与 Fama（1998）的观点一致，他们的研究显示，基于长窗口期收益所得到的结果对研究方法的选择十分敏感。Kothari and Warner（1997）的分析表明，如果利用标准回归模型和显著性检验研

---

① 但 Loughran and Ritter（2000）指出，市值加权的检验方法对错误定价的识别能力最弱，原因在于错误定价在小规模公司中更为显著，而按市值加权计算的收益会受到少数几家极大规模公司的较大影响。他们的结论是：在市值加权的方法下，研究者难以识别超额收益。这一现象并不值得惊讶，反而是意料之中的。

究与公司特质事件相关的长期收益率，那么结果常常是有误的，误差来自对长期收益率统计分布特征的错误假设。标准回归假设长期收益率服从均值为 0、标准差为 1 的标准正态分布，但实际上，长期收益率在计算时可能存在幸存者偏差，并且分布往往显著右偏。为了减小误差，他们建议使用非参数检验或自助抽样法（bootstrap），以更加真实地反映长期收益率的统计分布特征。

Barber and Lyon（1997）则指出，想要基于长期收益得到合理的结论，研究者应使用恰当的业绩基准度量长期超额收益。由于长期收益率的分布不服从标准正态分布，一旦业绩基准选取不当，统计推断就是有偏的。例如，如果业绩基准选取指数收益，由于指数成分股会定期调整并纳入新上市公司，此时业绩基准并非真实的买入并持有收益，据此计算的超额收益率会呈现右偏的分布特征，从而导致统计推断存在误差。为了减小误差，Barber and Lyon（1997）建议按公司规模/账面价值比匹配特征组合，并以特征组合的收益作为业绩基准。Daniel et al.（1997）对该研究进行了拓展，发现在公司规模/账面价值比的基础上进一步添加价格动量作为新的公司特征，将会使业绩基准更加有效。此外，他们还提供了一种简单易行的估计特征组合收益的方法。

Ang and Zhang（2015）进一步拓展了 Kothari and Warner（1997）和 Barber and Lyon（1997）的研究，更加深入地讨论了在研究长窗口期收益时可能出现的一系列问题，并给出了相应的改进方案。总而言之，这些研究都强调在研究长窗口期收益时，研究者必须格外地小心谨慎。

第 6 章
研究方法论：资产收益的可预测性

6.11 对学术研究的增量贡献

在本章的前面部分，我们主要讨论了如何判别超额收益是来自风险补偿还是来自错误定价。然而，研究者同样关心的问题是：所发现的超额收益对现有学术研究是否有增量贡献？要回答这个问题，其实同样需要弄清楚超额收益的来源，因为学术研究不仅关注市场中的超额收益现象，还关注现象背后的原因。

那么，在研究收益的可预测性时，如何评估某项发现在学术上是否有增量贡献并值得进行深入的学术研究呢？我们认为，有增量贡献的学术研究应当至少具备以下特征中的一项：

- **信号的识别** 此类研究识别出一个新的信号或数据集，能够显著预测未来股票收益。重要的是，这个新的信号或数据集必须与之前的研究不同。尽管这类研究没有解释错误定价的原因，但它们为学术界提供了新的实证证据，并激励后续的研究者继续分析其形成机制，因此仍有增量贡献。

  这类研究的典型是 Jegadeesh and Titman（1993），该研究发现基于价格动量的投资策略具有显著的超额收益。虽然他们没有解释超额收益存在的原因，但从经济显著性、策略适用性、时间持续性和对有效市场假说的挑战方面来看，价格动量的发现无疑都是惊人的。正因为如此，Jegadeesh and Titman（1993）拉开了学术界对价格动量研究的序幕,推动后续研究持续探究这一现象的成因。不过,像 Jegadeesh and Titman (1993) 这样满足信号识别特征的研究实在是凤毛麟角,这也解释了为什么他们的研究仍持续、深刻地影响着金融学、经济学和会计学领域。

- **信号形成机制的识别** 此类研究极具说服力地阐明某一信号的形成机制(如市场摩擦或行为偏差),从而解释了收益的可预测性。满足这一标准的研究,需要有严谨且清晰的研究设计,才能排除可能存在的竞争性假说。这类研究可以先提出一个新的投资信号,再解释超额收益的形成机制;也可以基于以前研究中发现的投资信号直接进行解释。

这类研究的典型是 Bernard and Thomas (1990),他们对盈余公告后股价漂移现象成因的研究对学术研究显然有增量贡献。该研究在本章被多次引用,因为他们运用了一系列检验来判断盈余公告后股价漂移现象来自风险补偿还是来自错误定价。他们的研究表明,公司未预期盈余在时间序列上是正相关的,但投资者没有意识到这一特征,因而对盈余信息反应不足,从而造成了盈余公告后股价漂移现象。

- **信号的研究方法的精炼** 此类研究对过去某一信号进行精炼和拓展,使得信号的预测能力更强,或者能更为直接地反映信号背后的形成机制。与信号识别的研究不同,这类研究是对已有信号的再加工,而不是提出一个全新的概念。

这类研究的典型是 Richardson et al.(2005)，他们基于 Sloan (1996)，对应计异象进行了研究方法的精炼和拓展。Richardson et al.(2005) 将应计利润的可靠性与盈余持续性联系起来，利用资产负债表分拆出应计利润的不同部分，发现最不可靠的那部分盈余的持续性最弱。他们认为，应计利润是由其中可靠性较弱的部分导致的，因此对应计利润的研究应当着重分析应计利润不同组成部分之间可靠性的差异。

至少满足以上三项特征中的一项是对学术研究有增量贡献的必要条件，但不是充分条件。我们提供这些指导原则，希望研究者在今后评估一项研究的学术价值时，能形成自己独立的判断。

6.12 小 结

对收益可预测性的研究有助于我们探索和理解资产价格的形成机制。由于投资者对风险的厌恶和有限的认知能力，风险补偿和错误定价都可能成为超额收益的来源，尽管两者可能同时存在，而这类研究的重要目的就是区分风险补偿和错误定价。

在本章，我们总结了有助于研究者区分这两种解释的研究方法。我们建议研究者先假设超额收益都来自风险补偿，再探究在这种情况下，风险需要具备哪些特征才能导致观测到的收益模式。这种方法有助于研究者识别在风险补偿解释下，哪些收益模式可以观测到、哪些则不能。此外，我们还建议研究信息事件前后的短窗口期收益、进行分期间和分样本检验、采用非收益率指标度量投资者预期修正等手段，以识别超额收益的成因。

除此以外，本章还对投资策略的可行性作了简要回顾。即便不存在风险补偿和错误定价，交易成本的存在也会常常阻碍投资者将信息反映到价格中，从而导致收益的可预测性。因此，当超额收益不能反映实际的经济利润时，收益的可预测性并不意味着错误定价。总的来说，本章提供了识别错误定价的研究框架和技术方法，以帮助研究者更好地理解超额收益的来源。

参考文献

V. V. Acharya and L. Pedersen. Asset pricing with liquidity risk. *Journal of Financial Economics*, 77: 375-410, 2005.

T. Adrian, E. Etula, and T. Muir. Financial intermediaries and the cross-section of asset returns. *Journal of Finance*, 69: 2557-2596, 2014.

J. Affleck-Graves and R. Miller. The information content of calls of debt: Evidence from long-run stock returns. *Journal of Financial Research*, 26: 421-447, 2003.

A. Ahmed, E. Kilic, and G. Lobo. Does recognition versus disclosure matter? Evidence from value-relevance of banks' recognized and disclosed derivative financial instruments. *The Accounting Review*, 81: 567-588, 2006.

F. Akbas, W. J. Armstrong, S. Sorescu, and A. Subrahmanyam. Smart money, dumb money, and capital market anomalies. *Journal of Financial Economics*, 118: 355-382, 2015.

E. Altman. Financial ratios, discriminant analysis, and the prediction of corporate bankruptcy. *Journal of Finance*, 23: 589-609, 1968.

Y. Amihud and H. Mendelson. Asset pricing and the bid-ask spread. *Journal of Financial Economics*, 17: 223-249, 1986.

S. Anderson and J. Born. Closed-end fund pricing: Theory and evidence. In *The Innovations in Financial Markets and Institutions series*, Springer, 2002.

A. Ang, R. Hodrick, Y. Xing, and X. Zhang. The cross-section of volatility and expected returns. *Journal of Finance*, 61: 259-299, 2006.

J. Ang and S. Zhang. Evaluating long-horizon event study methodology. In *Handbook of Financial Econometrics and Statistics*, Springer, New York, 2015.

S. Arif and C. Lee. Aggregate investment and investor sentiment. *Review of Financial Studies*, 2015. Forthcoming.

S. Arif, A. Ben-Rephael, and C. Lee. Do short-sellers profit from mutual funds? Evidence from daily trades. Working paper, University of Indiana and Stanford University, 2015.

H. Arkes, L. Herren, and A. Isen. The role of potential loss in the influence of affect on risk-taking behavior. *Organizational Behavior and Human Decision Processes*, 42: 181-193, 1988.

C. Asness and J. Liew. The great divide over market efficiency. *Institutional Investor*, 2014. URL http://www.institutionalinvestor.com/Article/33 15202/Asset-Management-Equities/The-Great-Divide-over-Market-Efficiency.html#.U6m8gfldXAk.

C. Asness, A. Frazzini, and L. Pedersen. Quality minus junk. Working paper, AQR Capital Management and New York University, 2013.

C. Asness, A. Frazzini, R. Israel, and T. Moskowitz. Fact, fiction, and momentum investing. *Journal of Portfolio Management*, 40: 75-92, 2014.

P. Asquith, P. A. Pathak, and J. R. Ritter. Short interest, institutional ownership, and stock returns. *Journal of Financial Economics*, 78: 243-276, 2005.

M. Bagnoli, M. B. Clement, and S. G. Watts. Around-the-clock media coverage and the timing of earnings announcements. Working Paper, Purdue University, 2005.

M. Baker and J. Wurgler. The equity share in new issues and aggregate stock returns. *Journal of Finance*, 55: 2219-2257, 2000.

M. Baker and J. Wurgler. Market timing and capital structure. *Journal of*

Finance, 57: 1-32, 2002.

M. Baker and J. Wurgler. Investor sentiment and the cross-section of stock returns. *Journal of Finance*, 61: 1645-1680, 2006.

M. Baker and J. Wurgler. Investor sentiment in the stock market. *Journal of Economic Perspectives*, 21: 129-151, 2007.

M. Baker and J. Wurgler. Behavioral corporate finance: An updated survey. In *Handbook of the Economics of Finance*, Volume 2. Elsevier Press, 2012.

M. Baker, J. Wurgler, and Y. Yuan. Global, local, and contagious investor sentiment. *Journal of Financial Economics*, 104: 272-287, 2012.

T. G. Bali, N. Calcici, and R. F. Whitelaw. Maxing out: Stocks as lotteries and the cross-section of expected returns. *Journal of Financial Economics*, 99: 427-446, 2011.

B. Barber and J. Lyon. Detecting long-run abnormal stock returns: The empirical power and specification of test statistics. *Journal of Financial Economics*, 43: 341-372, 1997.

B. Barber and T. Odean. All that glitters: The effect of attention and news on the buying behavior of individual and institutional investors. *Review of Financial Studies*, 21: 785-818, 2008.

B. Barber and T. Odean. The behavior of individual investors. In *Handbook of the Economics of Finance*, Volume 2. Elsevier Press, 2015.

B. Barber, Y. Lee, Y. Liu, and T. Odean. Just how much do individual investors lose by trading? *Review of Financial Studies*, 22: 609-632, 2009a.

B. Barber, T. Odean, and N. Zhu. Do retail trades move markets? *Review of Financial Studies*, 22: 151-186, 2009b.

N. Barberis. Thirty years of prospect theory in economics: A review and assessment. *Journal of Economic Perspectives*, 27: 173-196, 2013.

N. Barberis and M. Huang. Stocks as lotteries: The implications of probability weighting for security prices. *American Economic Review*, 98: 2066-2100,

2008.

N. Barberis and A. Shleifer. Style investing. *Journal of Financial Economics*, 68: 161-199, 2003.

N. Barberis and R. Thaler. A survey of behavioral finance. In *Handbook of the Economics of Finance*. Elsevier Press, 2002.

N. Barberis, A. Shleifer, and R. Vishny. A model of investor sentiment. *Journal of Financial Economics*, 49: 307-343, 1998.

N. Barberis, M. Huang, and T. Santos. Prospect theory and asset prices. *Quarterly Journal of Economics*, 116: 1-53, 2001.

N. Barberis, A. Shleifer, and J. Wurgler. Comovement. *Journal of Financial Economics*, 75: 283-317, 2004.

N. Barberis, R. Greenwood, L. Jin, and A. Shleifer. X-capm: An extrapolative capital asset pricing model. *Journal of Financial Economics*, 115: 1-24, 2015.

M. Barth, W. Beaver, and W. Landsman. The relevance of the value relevance literature for financial accounting standard setting: Another view. *Journal of Accounting and Economics*, 31: 77-104, 2001.

S. Basu. The investment performance of common stocks in relation to their price-to-earnings: A test of the efficient markets hypothesis. *Journal of Finance*, 32: 663-682, 1977.

R. Battalio and P. Schultz. Regulatory uncertainty and market liquidity: The 2008 short sale ban's impact on equity option markets. *Journal of Finance*, 66: 2013-2053, 2011.

L. A. Bebchuk, A. Cohen, and C. C. Y. Wang. Learning and the disappearing association between governance and returns. *Journal of Financial Economics*, 108: 323-348, 2013.

A. Ben-Rephael, S. Kandel, and A. Wohl. Measuring investor sentiment with mutual fund flows. *Journal of Financial Economics*, 104: 363-382, 2012.

M. Beneish. The detection of earnings manipulation. *Financial Analysts Journal*, 55: 24-36, 1999.

M. Beneish, C. Lee, and C. Nichols. Earnings manipulation and expected returns. *Financial Analysts Journal*, 69: 57-82, 2013.

M. Beneish, C. Lee, and C. Nichols. In short supply: Short-sellers and stock returns. *Journal of Accounting and Economics*, 2015. Forthcoming.

J. Berk and R. C. Green. Mutual fund flows and performance in rational markets. *Journal of Political Economy*, 112: 1269-1295, 2004.

J. Berk and J. van Binsbergen. Measuring skill in the mutual fund industry. *Journal of Financial Economics*, 2014. Forthcoming.

V. Bernard. The Feltham-Ohlson framework: Implications for empiricists. *Contemporary Accounting Research*, 11: 733-747, 1995.

V. Bernard and K. Schipper. Recognition and disclosure in financial reporting. Working paper, University of Michigan and University of Chicago, 1994.

V. Bernard and J. K. Thomas. Evidence that stock prices do not fully reflect the implications of current earnings for future earnings. *Journal of Accounting and Economics*, 13: 305-341, 1990.

S. Bhojraj and C. Lee. Who is my peer? A valuation-based approach to the selection of comparable firms. *Journal of Accounting Research*, 40: 407-439, 2002.

M. Billett, M. Flannery, and J. Garfinkel. Are bank loans special? Evidence on the post-announcement performance of bank borrowers. *Journal of Financial and Quantitative Analysis*, 41: 733-751, 2006.

F. Black. Presidential address: Noise. *Journal of Finance*, 41: 529-543, 1986.

F. Black, M. Jensen, and M. Scholes. The capital asset pricing model: Some empirical tests. In *Studies in the Theory of Capital Markets*, pages 79-121, Praeger, New York, 1972.

E. Blankespoor. The impact of information processing costs on firm disclosure choice: Evidence from the XBRL mandate. Working paper, Stanford University, 2013.

J. Blocher, A. Reed, and E. Van Wesep. Connecting two markets: An equilibrium framework for shorts, longs, and stock loans. *Journal of Financial Economics*, 108: 302-322, 2013.

J. Bodurtha, D. Kim, and C. Lee. Closed-end country funds and u. s. market sentiment. *Review of Financial Studies*, 8: 879-918, 1995.

E. Boehmer and J. J. Wu. Short selling and the price discovery process. *Review of Financial Studies*, 26: 287-322, 2013.

E. Boehmer, C. M. Jones, and X. Zhang. Shackling the short sellers: The 2008 shorting ban. Working paper, Singapore Management University, Columbia Business School, and Purdue University, 2012.

B. Boyer. Style-related comovements: Fundamentals or labels? *Journal of Finance*, 66: 307-322, 2011.

M. Bradshaw, S. Richardson, and R. Sloan. The relation between corporate financing activities, analysts' forecasts and stock returns. *Journal of Accounting and Economics*, 42: 53-85, 2006.

A. Brav and P. A. Gompers. Myth or reality? The long-run underperformance of initial public offerings: Evidence from venture capital and nonventure capital-backed companies. *Journal of Finance*, 52: 1791-1822, 1997.

A. Bris, W. N. Goetzmann, and N. Zhu. Efficiency and the bear: Short sales and markets around the world. *Journal of Finance*, 62: 1029-1079, 2007.

N. Brown, K. Wei, and R. Wermers. Analyst recommendations, mutual fund herding, and overreaction in stock prices. *Management Science*, 60: 1-20, 2013.

M. K. Brunnermeier and S. Nagel. Hedge funds and the technology bubble. *Journal of Finance*, 59: 2013-2040, 2004.

M. K. Brunnermeier and A. Parker. Optimal expectations. *American Economic*

Review, 95: 1092-1118, 2005.

M. K. Brunnermeier and L. Pedersen. Market liquidity and funding liquidity. *Review of Financial Studies*, 22: 2201-2238, 2009.

M. K. Brunnermeier, C. Gollier, and A. Parker. Optimal beliefs, asset prices, and the preference for skewed returns. *American Economic Review*, 97: 159-165, 2007.

A. C. Call, M. Hewitt, T. Shevlin, and T. L. Yohn. Firm-specific estimates of differential persistence and their incremental usefulness for forecasting and valuation. *The Accounting Review*, 2015. forthcoming.

J. Campbell. A variance decomposition for stock returns. *Economic Journal*, 101: 157-179, 1991.

J. Campbell. Empirical asset pricing: Eugene Fama, Lars Peter Hansen, and Robert Shiller. Working Paper, Harvard University and NBER, 2014.

J. Campbell and A. Kyle. Smart money, noise trading, and stock price behavior. *Review of Economic Studies*, 60: 1-34, 1993.

J. Campbell and R. Shiller. Cointegration and tests of present value models. *Journal of Political Economy*, 95: 1062-1087, 1987.

J. Campbell and R. Shiller. The dividend-price ratio and expectations of future dividends and discount factors. *Review of Financial Studies*, 1: 195-228, 1988a.

J. Campbell and R. Shiller. Stock prices, earnings, and expected dividends. *Journal of Finance*, 43: 661-676, 1988b.

J. Campbell, J. Hilscher, and J. Szilagyi. In search of distress risk. *Journal of Finance*, 63: 2899-2939, 2008.

J. Campbell, C. Polk, and T. Vuolteenaho. Growth or glamour? Fundamentals and systematic risk in stock returns. *Review of Financial Studies*, 23: 306-344, 2010.

M. Cao and J. Wei. Stock market returns: A note on temperature anomaly. *Jour-*

nal of Banking and Finance, 29: 1559-1573, 2005.

M. Carhart. On persistence in mutual fund performance. Journal of Finance, 52: 57-82, 1997.

M. Carlson, A. Fisher, and R. Giammarino. Corporate investment and asset price dynamics: Implications for seo event studies and long-run performance. Journal of Finance, 61: 1009-1034, 2006.

J. Cassidy. Annals of money: The price prophet. The New Yorker, February 7 2000.

G. Cespa and T. Foucault. Illiquidity contagion and liquidity crashes. Review of Financial Studies, 27: 1615-1660, 2014.

K. Chan, P. H. Hendershott, and A. B. Sanders. Risk and return on real estate: Evidence from equity reits. AREUEA Journal, 18: 431-452, 1990.

L. Chan, N. Jegadeesh, and J. Lakonishok. Momentum strategies. Journal of Finance, 51: 1681-1713, 1996.

S. Chava and A. Purnanadam. Is default risk negatively related to stock returns? Review of Financial Studies, 2009. Forthcoming.

L. Chen, Z. Da, and X. Zhao. What drives stock price movements? Review of Financial Studies, 26: 841-876, 2013.

N. Chen, R. Roll, and S. Ross. Economic forces and the stock market. Journal of Business, 59: 383-403, 1986.

N. Chen, R. Kan, and M. Miller. Are discounts on closed-end funds a sentiment index? Journal of Finance, 48: 795-800, 1993a.

N. Chen, R. Kan, and M. Miller. A rejoinder. Journal of Finance, 48: 809-810, 1993b.

P. Chen and G. Zhang. How do accounting variables explain stock price movements? Theory and evidence. Journal of Accounting and Economics, 43: 219-244, 2007.

M. Cherkes. Closed-end funds: A survey. Annual Review of Financial Economics, 4: 431-445, 2012.

J. Chevalier and G. Ellison. Risk taking by mutual funds as a response to incentives. *Journal of Political Economy*, 105: 1167-1200, 1997.

N. Chopra, C. Lee, A. Shleifer, and R. Thaler. Yes, closed-end fund discounts are a sentiment index. *Journal of Finance*, 48: 801-808, 1993a.

N. Chopra, C. Lee, A. Shleifer, and R. Thaler. Summing up. *Journal of Finance*, 48: 811-812, 1993b.

S. Christoffersen, D. Musto, and R. Wermers. Investor flows to asset managers: Causes and consequences. *Annual Review of Financial Economics*, 6: 289-310, 2014.

J. Claus and J. Thomas. Equity premia as low as three percent? Empirical evidence from analysts' earnings forecasts for domestic and international stock markets. Working paper, Columbia University, 2000.

J. H. Cochrane. Production-based asset pricing and the link between stock returns and economic fluctuations. *Journal of Finance*, 46: 209-237, 1991.

J. H. Cochrane. Presidential address: Discount rates. *Journal of Finance*, 66: 1047-1108, 2011.

L. Cohen and A. Frazzini. Economic links and limited attention. *Journal of Finance*, 63: 1977-2011, 2008.

L. Cohen and D. Lou. Complicated firms. *Journal of Financial Economics*, 91: 383-400, 2012.

L. Cohen, C. Malloy, and L. Pomorski. Decoding inside information. *Journal of Financial Economics*, 91: 1009-1043, 2012.

L. Cohen, K. Diether, and C. Malloy. Misvaluing innovation. *Review of Financial Studies*, 2013a. Forthcoming.

L. Cohen, K. Diether, and C. Malloy. Legislating stock prices. *Journal of Financial Economics*, 2013b. Forthcoming.

R. B. Cohen, C. Polk, and T. Vuolteenaho. The price is (almost) right. *Journal of Finance*, 64: 2739-2782, 2009.

T. Copeland, A. Dolgoff, and A. Moel. The role of expectations in explaining the cross-section of stock returns. *Review of Accounting Studies*, 9: 149-188, 2004.

S. Cottle, R. Murray, and F. Block. *Graham and Dodd's Security Analysis*, Fifth Edition. McGraw-Hill Book Company, 1988.

J. Coval and E. Stafford. Asset fire sales (and purchases) in equity markets. *Journal of Financial Economics*, 86: 479-512, 2007.

J. D. Coval, D. A. Hirshleifer, and T. Shumway. Can individual investors beat the market? Working paper, Harvard University, 2005.

D. Cutler, J. Poterba, and L. Summers. What moves stock prices? *Journal of Portfolio Management*, 15: 4-12, 1989.

Z. Da and M. Warachka. Cashflow risk, systematic earnings revisions, and the cross-section of stock returns. *Journal of Financial Economics*, 94: 448-468, 2009.

Z. Da, J. Engelberg, and P. Gao. In search of attention. *Journal of Finance*, 66: 1461-1499, 2011.

Z. Da, U. G. Gurun, and M. Warachka. Frog in the pan: Continuous information and momentum. *Review of Financial Studies*, 27: 2171-2218, 2015.

A. Damodaran. Value investing: Investing for grown ups? Working paper, NYU, 2012.

K. Daniel and S. Titman. Evidence on the characteristics of cross-sectional variation in common stock returns. *Journal of Finance*, 52: 1-33, 1997.

K. Daniel and S. Titman. Market reactions to tangible and intangible information. *Journal of Finance*, 61: 1605-1643, 2006.

K. Daniel, M. Grinblatt, S. Titman, and R. Wermers. Measuring mutual fund performance with characteristic-based benchmarks. *Journal of Finance*, 52: 1035-1058, 1997.

K. Daniel, D. Hirshleifer, and A. Subrahmanyam. Investor psychology and security market under-and overreactions. *Journal of Finance*, 53: 1839-1886, 1998.

K. Daniel, D. Hirshleifer, and A. Subrahmanyam. Overconfidence, arbitrage, and equilibrium asset pricing. *Journal of Finance*, 56: 921-965, 2001.

H. Daouk, C. M. C. Lee, and D. Ng. Capital market governance: How do security laws affect market performance? *Journal of Corporate Finance*, 12: 560-593, 2006.

G. D'Avolio. The market for borrowing stocks. *Journal of Financial Economics*, 66: 271-306, 2002.

DBEQS Global, 2014. Academic Insights Month Report, Deutsche Bank Equity Quantitative Strategy Global.

W. DeBondt and R. Thaler. Does the stock market overreact? *Journal of Finance*, 40: 793-805, 1985.

W. DeBondt and R. Thaler. Further evidence of investor overreaction and stock market seasonality. *Journal of Finance*, 42: 557-581, 1987.

P. Dechow and R. Sloan. Returns to contrarian investment strategies: Tests of naive expectations hypotheses. *Journal of Financial Economics*, 43: 3-27, 1997.

P. Dechow, A. Hutton, and R. Sloan. An empirical assessment of the residual income valuation model. *Journal of Accounting and Economics*, 26: 1-34, 1999.

P. Dechow, A. Hutton, L. Meulbroek, and R. Sloan. Short-sellers, fundamental analysis, and stock returns. *Journal of Financial Economics*, 61: 77-106, 2001.

P. Dechow, R. Sloan, and M. Soliman. Implied equity duration: A new measure of equity security risk. *Review of Accounting Studies*, 9: 197-228, 2004.

D. Del Guercio. The distorting effect of the prudent-man laws on institutional equity investments. *Journal of Financial Economics*, 40: 31-62, 1996.

S. Della Vigna and J. Pollet. Demographics and industry returns. *American Economic Review*, 97: 1667-1702, 2007.

S. Della Vigna and J. Pollet. Investor inattention and Friday earnings announcements. *Journal of Finance*, 64: 709-749, 2009.

J. DeLong, A. Shleifer, L. H. Summers, and R. J. Waldmann. Noise trader risk in financial markets. *Journal of Political Economy*, 98: 703-738, 1990a.

J. DeLong, A. Shleifer, L. H. Summers, and R. J. Waldmann. Positive feedback investment strategies and destabilizing rational speculation. *Journal of Finance*, 45: 379-395, 1990b.

E. Demers and C. Vega. Linguistic tone in earnings press releases: News or noise? Working paper, INSEAD and the Board of Governors of the Federal Reserve System, 2011.

D. K. Denis, J. J. McConnell, A. V. Ovtchinnikov, and Y. Yu. S&p 500 index additions and earnings expectations. *Journal of Finance*, 58: 1821-1840, 2003.

H. Desai, K. Ramesh, S. R. Thiagarajan, and B. V. Balachandran. An investigation of the informational role of short interest in the nasdaq market. *The Journal of Finance*, 57: 2263-2287, 2002.

H. Desai, S. Rajgopal, and M. Venkatachalam. Value-glamour and accrual-based market anomalies: One anomaly or two? *The Accounting Review*, 79: 355-385, 2004.

D. Diamond and R. E. Verrecchia. Information aggregation in a noisy rational expectations economy. *Journal of Financial Economics*, 9: 221-236, 1981.

I. Dichev. Is the risk of bankruptcy a systematic risk? *Journal of Finance*, 53: 1131-1147, 1998.

I. Dichev. What are stock investors' actual historical returns? Evidence from dollar-weighted returns. *American Economic Review*, 97: 386-401, 2007.

I. Dichev and G. Yu. Higher risk, lower returns: What hedge fund investors really earn. *Journal of Financial Economics*, 100: 248-263, 2011.

K. Diether, C. Malloy, and A. Scherbina. Differences of opinion and the cross-section of stock returns. *Journal of Finance*, 57: 2113-2141, 2002.

M. Dong, D. Hirshleifer, and S. H. Teoh. Overvalued equity and financing decisions. *Review of Financial Studies*, 25: 3645-3683, 2012.

J. Doukas, C. Kim, and C. Pantzalis. A test of the errors-in-expectations explanation of the value/glamour stock returns performance: Evidence from analysts' forecasts. *Journal of Finance*, 57: 2143-2165, 2002.

M. Drake, L. Rees, and E. Swanson. Should investors follow the prophets or the bears? Evidence on the use of public information by analysts and short sellers. *The Accounting Review*, 86: 101-130, 2011.

M. Drake, K. Gee, and J. Thornock. March market madness: The impact of value-irrelevant events on the market pricing of earnings news. *Contemporary Accounting Research*, 2015. Forthcoming.

T. Dyckman and D. Morse. *Efficient Capital Markets: A Critical Analysis*. Prentice-Hall, Englewood Cliffs, N. J, 2nd edition, 1986.

D. Easley and M. O'Hara. Information and the cost of capital. *Journal of Finance*, 59: 1553-1583, 2004.

P. Easton. PE ratios, PEG ratios, and estimating the implied expected rate of return on equity capital. *The Accounting Review*, 79: 73-96, 2004.

P. Easton and T. Harris. Earnings as an explanatory variable for returns. *Journal of Accounting Research*, 29: 19-36, 1991.

P. Easton, T. Harris, and J. Ohlson. Aggregate accounting earnings can explain most of security returns. *Journal of Accounting and Economics*, 15: 119-142, 1992.

A. Edmans, D. Garcia, and O. Norli. Sports sentiment and stock returns. *Journal of Finance*, 62: 1967-1998, 2007.

E. Edwards and P. Bell. *The Theory and Measurement of Business Income.* University of California Press, Berkeley, CA, 1961.

D. Ellsberg. Risk, ambiguity, and the savage axioms. *Quarterly Journal of Economics*, 75: 643-699, 1961.

E. Elton. Presidential address: Expected return, realized return, and asset pricing tests. *Journal of Finance*, 54: 1199-1220, 1999.

C. Engel. Some new variance bounds for asset prices. *Journal of Money, Credit, and Banking*, 37: 949-955, 2005.

J. Engelberg. Costly information processing: Evidence from earnings announcements. Working paper, Northwestern University, 2008.

J. Engelberg, A. V. Reed, and M. C. Ringgenberg. How are shorts informed? Short sellers, news, and information processing. *Journal of Financial Economics*, 105: 260-278, 2012a.

J. Engelberg, C. Sasseville, and J. Williams. Market madness? The case of mad money. *Management Science*, 58: 351-364, 2012b.

R. Engle, R. Ferstenberg, and J. Russell. Measuring and modeling execution cost and risk. *Journal of Portfolio Management*, 38: 14-28, 2012.

E. Eyster, M. Rabin, and D. Vayanos. Financial markets where traders neglect the information content of prices. Working paper, London School of Economics and UC Berkeley, 2013.

F. J. Fabozzi. *Short selling: Strategies, risks, and rewards.* Wiley and Sons, Hoboken, NJ, 2004.

E. Falkenstein. The missing risk premium: Why low volatility investing works. Working paper, Eric G. Falkenstein, 2012.

E. Fama. The behavior of stock market prices. *Journal of Business*, 38: 34-105, 1965.

E. Fama. Efficient capital markets: A review of theory and empirical work. *Journal of Finance*, 25: 1575-1617, 1970.

E. Fama. Efficient capital markets: II. *Journal of Finance*, 46: 1575-1617, 1991.

E. Fama. Market efficiency, long-term returns, and behavioral finance. *Journal of Financial Economics*, 49: 283-306, 1998.

E. Fama and K. French. The cross-section of expected stock returns. *Journal of Finance*, 47: 427-465, 1992.

E. Fama and K. French. Common risk factors in the returns on stocks and bonds. *Journal of Financial Economics*, 33: 3-56, 1993.

E. Fama and K. French. Industry costs of equity. *Journal of Finance*, 43: 153-193, 1997.

E. Fama and K. French. The equity premium. *Journal of Finance*, 57: 637-659, 2002.

E. Fama and K. French. Dissecting anomalies. *Journal of Finance*, 63: 1653-1678, 2008.

E. Fama and J. MacBeth. Risk, return, and equilibrium: Empirical tests. *Journal of Political Economy*, 81: 607-636, 1973.

G. Feltham and J. Ohlson. Valuation and clean surplus accounting for operating and financial activities. *Contemporary Accounting Research*, 11: 689-731, 1995.

G. Feltham and J. Ohlson. Residual earnings valuation with risk and stochastic interest rates. *The Accounting Review*, 74: 165-183, 1999.

J. Francis, D. Pagach, and J. Stephan. The stock market response to earnings announcements released during trading versus nontrading periods. *Journal of Accounting Research*, 30: 165-184, 1992.

J. Frankel and R. Meese. Are exchange rates excessively variable? In S. Fischer, editor, *NBER Macroeconomics Annual* 1987, pages 117-152, Cambridge, 1987. MIT Press.

R. Frankel and C. Lee. Accounting valuation, market expectation, and cross-sectional stock returns. *Journal of Accounting and Economics*, 25: 283-319, 1998.

A. Frazzini and O. Lamont. Dumb money: Mutual fund flows and the cross-section of stock returns. *Journal of Financial Economics*, 88: 299-322, 2008.

A. Frazzini and L. Pedersen. Betting against beta. *Journal of Financial Economics*, 111: 1-15, 2014.

A. Frazzini, R. Israel, and T. J. Moskowitz. Trading cost of asset pricing anomalies. Working paper, AQR Capital Asset Management and University of Chicago, 2012.

K. French and R. Roll. Stock return variances: The arrival of information and the reaction of traders. *Journal of Financial Economics*, 17: 5-26, 1986.

M. Friedman. The case for flexible exchange rates. In *Essays in Positive Economics*, Chicago, IL, 1953. University of Chicago Press.

K. Froot and E. Dabora. How are stock prices affected by location of trade? *Journal of Financial Economics*, 53: 189-216, 1999.

W. Fung, D. A. Hsieh, N. Y. Naik, and T. Ramadorai. Hedge funds: Performance, risk, and capital formation. *Journal of Finance*, 63: 1777-1803, 2008.

W. Gebhardt, C. Lee, and B. Swaminathan. Toward an implied cost of capital. *Journal of Accounting Research*, 39: 135-176, 2001.

C. C. Geczy, D. K. Musto, and A. V. Reed. Stocks are special too: An analysis of the equity lending market. *Journal of Financial Economics*, 66: 241-269, 2002.

T. George and C. Hwang. A resolution of the distress risk and leverage puzzles in the cross section of stock returns. *Journal of Financial Economics*, 96: 56-79, 2010.

S. Giglio and K. Shue. No news is news: Do markets underreact to nothing? *Review of Financial Studies*, 27: 3389-3440, 2014.

C. Gleason and C. Lee. Analyst forecast revisions and market price discovery.

The Accounting Review, 78: 193-225, 2003.

L. Glosten and L. Harris. Estimating the components of the bid/ask spread. *Journal of Financial Economics*, 21: 123-142, 1988.

W. N. Goetzmann and K. G. Rouwenhorst. Pairs trading: Performance of a relative-value arbitrage rule. *Review of Financial Studies*, 19: 797-827, 2006.

I. Gow, G. Ormazabal, and D. Taylor. Correcting for cross-sectional and time-series dependence in accounting research. *The Accounting Review*, 85: 483-512, 2010.

B. Graham and D. Dodd. *Security Analysis: Principles and Techniques*, 1st Edition. McGraw-Hill, New York and London, 1934.

W. Gray and T. Carlisle. *Quantitative Value: A Practitioner's Guide to Automating Intelligent Investment and Eliminating Behavioral Errors*. Wiley and Sons, Hoboken, NJ, 2013.

J. Green, J. Hand, and M. Soliman. Going, going, gone? The apparent demise of the accruals anomaly. *Management Science*, 57: 797-816, 2011.

J. Greenblatt. *The Little Book that Still Beats the Market*. Wiley and Sons, Hoboken, NJ, 2010.

D. Griffin and A. TVersky. The weighing of evidence and the determinants of confidence. *Cognitive Psychology*, 24: 411-435, 1992.

R. Grinold and R. Kahn. *Active Portfolio Management: A Quantitative Approach for Producing Superior Returns and Controlling Risk*, 2nd Edition. McGraw-Hill, 1999.

S. Grossman and M. Miller. Liquidity and market structure. *Journal of Finance*, 43: 617-643, 1988.

S. Grossman and J. Stiglitz. On the impossibility of informationally efficient markets. *American Economic Review*, 70: 393-408, 1980.

K. Hanley, C. Lee, and P. Seguin. The marketing of closed-end fund ipos: Evidence from transactions data. *Journal of Financial Intermediation*, 5: 127-

159, 1996.

S. G. Hanson and A. Sunderam. The growth and limits of arbitrage: Evidence from short interest. *Review of Financial Studies*, 27: 1238-1286, 2014.

O. Hart and D. Kreps. Price destabilizing speculation. *Journal of Political Economy*, 94: 927-952, 1986.

J. Hasbrouck. Trading costs and returns for us equities: Estimating effective costs from daily data. *Journal of Finance*, 64: 1445-1477, 2009.

F. Hayek. *The Road to Serfdom*. George Routledge and Sons, London, UK, 1944.

F. Hayek. The use of knowledge in society. *American Economic Review*, 35: 519-530, 1945.

Z. He and A. Krishnamurthy. Intermediary asset pricing. *American Economic Review*, 103: 732-770, 2013.

P. Healy and K. Palepu. Business analysis and valuation using financial statements, 5th edition. Cengage Learning, 2012.

Hines UK. The City UK Financial Markets Series Report on Fund Management, 2012.

D. Hirshleifer. Investor psychology and asset pricing. *Journal of Finance*, 56: 1533-1597, 2001.

D. Hirshleifer. A recent survey of behavioral finance. *Annual Review of Financial Economics*, 7, 2015.

D. Hirshleifer and T. Shumway. Good day sunshine: Stock returns and the weather. *Journal of Finance*, 58: 1009-1032, 2003.

D. Hirshleifer and S. Teoh. Limited attention, information disclosure, and financial reporting. *Journal of Accounting and Economics*, 36: 337-386, 2003.

D. Hirshleifer, S. Lim, and S. Teoh. Driven to distraction: Extraneous events and underreaction to earnings news. *Journal of Finance*, 64: 2289-2325, 2009.

D. Hirshleifer, S. Lim, and S. Teoh. Limited investor attention and stock market misreactions to accounting information. *Review of Asset Pricing Studies*, 1: 35-73, 2011a.

D. Hirshleifer, S. Teoh, and J. Yu. Short arbitrage, return asymmetry, and the accrual anomaly. *Review of Financial Studies*, 24: 2429-2461, 2011b.

D. Hirshleifer, K. Hou, and S. Teoh. The accrual anomaly: Risk or mispricing? *Management Science*, 58: 320-35, 2012.

E. Hirt, G. Erickson, C. Kennedy, and D. Zillmann. Costs and benefits of allegiance: Changes in fans' self-ascribed competencies after team victory versus defeat. *Journal of Personality and Social Psychology*, 63: 724-738, 1992.

C. Ho and C. H. Hung. Investor sentiment as conditioning information in asset pricing. *Journal of Banking and Finance*, 33: 892-903, 2009.

R. Holthausen and R. L. Watts. The relevance of the value-relevance literature for financial accounting standard setting. *Journal of Accounting and Economics*, 31: 3-75, 2001.

H. Hong and J. Stein. A unified theory of underreaction, momentum trading and overreaction in asset markets. *Journal of Finance*, 54: 2143-2184, 1999.

H. Hong, J. Kubik, and J. Stein. Social interaction and stock-market participation. *Journal of Finance*, 59: 137-163, 2004.

K. Hou. Industry information diffusion and the lead-lag effect in stock returns. *Review of Financial Studies*, 20: 1113-1138, 2007.

G. Hu, J. Pan, and J. Wang. Noise as information for illiquidity. *The Journal of Finance*, 68: 2341-2382, 2013.

D. Huang, F. Jiang, J. Tu, and G. Zhou. Investor sentiment aligned: A powerful predictor of stock returns. *Review of Financial Studies*, 28: 791-837, 2015.

R. Huang and H. Stoll. The components of the bid-ask spread: A general approach. *Review of Financial Studies*, 10: 995-1034, 1997.

D. Ikenberry and S. Ramnath. Underreaction to self-selected news events: The case of stock splits. *Review of Financial Studies*, 15: 489-526, 2002.

D. Ikenberry, J. Lakonishok, and T. Vermaelen. Market underreaction to open market share repurchases. *Journal of Financial Economics*, 39: 181-208, 1995.

Z. Ivkovic and S. Weisbenner. Local does as local is: Information content of the geography of individual investors' common stock. *Journal of Finance*, 60: 267-306, 2005.

Z. Ivkovic, C. Sialm, and S. Weisbenner. Portfolio concentration and the performance of individual investors. *Journal of Financial and Quantitative Analysis*, 43: 613-656, 2008.

P. Jain. *Buffett Beyond Value: Why Warren Buffett Looks to Growth and Management When Investing*. Wiley and Sons, Hoboken, NJ, 2010.

N. Jegadeesh and S. Titman. Returns to buying winners and selling losers: Implications for stock market efficiency. *Journal of Finance*, 48: 65-91, 1993.

M. Jensen. Some anomalous evidence regarding market efficiency. *Journal of Financial Economics*, 6: 95-101, 1978.

G. Jiang, C. Lee, and Y. Zhang. Information uncertainty and expected returns. *Review of Accounting Studies*, 10: 185-221, 2005.

C. M. Jones and O. Lamont. Short-sale constraints and stock returns. *Journal of Financial Economics*, 66: 207-239, 2002.

D. Kahneman. *Attention and Effort*. Prentice-Hall, Englewood Cliffs, NJ, 1973.

D. Kahneman and A. Tversky. Judgment under uncertainty: Heuristics and biases. *Science*, 185: 1124-1131, 1974.

M. Kamstra, L. Kramer, and M. Levi. Losing sleep at the market: The daylight saving anomaly. *American Economic Review*, 12: 1000-1005, 2000.

M. Kamstra, L. Kramer, and M. Levi. Losing sleep at the market: The daylight saving anomaly: Reply. *American Economic Review*, 92: 1257-1263, 2002.

M. Kamstra, L. Kramer, and M. Levi. Winter blues: A SAD stock market cycle.

American Economic Review, 93: 324-343, 2003.

M. Kamstra, L. Kramer, M. Levi, and R. Wermers. Seasonal asset allocation: Evidence from mutual fund flows. Working paper, York University, University of Toronto, University of British Columbia, and University of Maryland, 2013.

M. Kamstra, L. Kramer, M. Levi, and T. Wang. Seasonally varying preferences: Theoretical foundations for an empirical regularity. *Review of Asset Pricing Studies*, 4: 39-77, 2014.

D. Keim and A. Madhavan. Transaction costs and investment style: An inter-exchange analysis of institutional equity trades. *Journal of Financial Economics*, 46: 265-292, 1997.

J. Keynes. *The General Theory of Employment, Interest, and Money*. Harcourt Brace Jovanovich, New York, 1936.

M. Khan, L. Kogan, and G. Serafeim. Mutual fund trading pressure: Firm-level stock price impact and timing of SEOs. *Journal of Finance*, 67: 1371-1395, 2012.

A. Kleidon. Variance bounds tests and stock price valuation models. *Journal of Political Economy*, 94: 953-1001, 1986.

A. Kleidon. The probability of gross violations of a present value variance inequity: Reply. *Journal of Political Economy*, 96: 1093-1096, 1988.

J. Kolari and S. Pynnönen. Event study testing with cross-sectional correlation of abnormal returns. *Review of Financial Studies*, 23: 3996-4025, 2010.

A. Kolasinski, A. Reed, and O. Riggenberg. A multiple lender approach to understanding search andsupply in the equity lending market. *Journal of Finance*, 68: 559-595, 2013.

S. P. Kothari. Capital market research in accounting. *Journal of Accounting and Economics*, 31: 105-231, 2001.

S. P. Kothari and J. A. Shanken. Book-to-market, dividend yield, and expected market returns: A time-series analysis. *Journal of Financial Economics*, 44: 169-203, 1997.

S. P. Kothari and J. B. Warner. Measuring long-horizon security price performance. *Journal of Financial Economics*, 43: 301-339, 1997.

A. Kumar. Who gambles in the stock market? *Journal of Finance*, 64: 1889-1933, 2009.

A. Kumar and C. Lee. Retail investor sentiment and return comovements. *Journal of Finance*, 61: 2451-2486, 2006.

A. Kyle. Continuous auctions and insider trading. *Econometrica*, 53: 1315-1335, 1985.

R. La Porta. Expectations and the cross-section of stock returns. *Journal of Finance*, 51: 1715-1742, 1996.

J. Lakonishok, A. Shleifer, and R. Vishny. Contrarian investment, extrapolation, and risk. *Journal of Finance*, 49: 1541-1578, 1994.

O. Lamont. Investment plans and stock returns. *Journal of Finance*, 55: 2719-2745, 2000.

M. Lang and R. Lundholm. The relation between security returns, firm earnings, and industry earnings. *Contemporary Accounting Research*, 13: 607-629, 1996.

D. Larcker, E. So, and C. Wang. Boardroom centrality and firm performance. *Journal of Accounting and Economics*, 55: 225-250, 2013.

C. Lee. Accounting-based valuation: A commentary. *Accounting Horizons*, 13: 413-425, 1999.

C. Lee. Market efficiency and accounting research. *Journalof Accounting and Economics*, 31: 233-253, 2001.

C. Lee and B. Swaminathan. Price momentum and trading volume. *Journal of Finance*, 55: 2017-2070, 2000.

C. Lee, A. Shleifer, and R. Thaler. Investor sentiment and the closed-end fund puzzle. *Journal of Finance*, 46: 75-109, 1991.

C. Lee, J. Myers, and B. Swaminathan. What is the intrinsic value of the Dow? *Journal of Finance*, 54: 1693-1741, 1999.

R. Lehavy and R. Sloan. Investor recognition and stock returns. *Review of Accounting Studies*, 13: 327-361, 2008.

B. Lehman. Earnings, dividend policy, and present value relations: Building blocks of dividend policy invariant cash flows. *Review of Quantitative Finance and Accounting*, 3: 263-282, 1993.

M. Lemmon and E. Portniaguina. Consumer confidence and asset prices: Some empirical evidence. *Review of Financial Studies*, 19: 1499-1529, 2006.

S. LeRoy and R. Porter. The present value relation: Tests based on implied variance bounds. *Econometrica*, 49: 555-574, 1981.

D. Lesmond, J. Ogden, and C. Trzcinka. A new estimate of transaction costs. *Review of Financial Studies*, 12: 1113-1141, 1999.

M. Lettau and J. Wachter. Why is long-horizon equity less risky? A duration-based explanation of the value premium. *Journal of Finance*, 62: 55-92, 2007.

B. Lev. On the usefulness of earnings and earnings research: Lessons and directions from two decades of empirical research. *Journal of Accounting Research*, 27: 153-192, 1989.

R. Libby, R. Bloomfield, and M. Nelson. Experimental research in financial accounting. *Accounting, Organizations and Society*, 27: 775-810, 2002.

S. Lim and S. Teoh. Limited attention. In *Behavioral Finance: Investors, Corporations, and Markets*. Wiley Publishers, 2010.

J. Liu and J. Thomas. Stock returns and accounting earnings. *Journal of Accounting Research*, 38: 71-101, 2000.

A. Ljungqvist and W. Qian. How constraining are limits to arbitrage? Working paper, NYU and Singapore NUS Business School, 2014.

D. Lou. A flow-based explanation for return predictability. *Review of Financial Studies*, 25: 3457-3489, 2012.

D. Lou, H. Yan, and J. Zhang. Anticipated and repeated shocks in liquid markets. *Review of Financial Studies*, 26: 1890-1912, 2013.

T. Loughran and J. Ritter. The new issues puzzle. *Journal of Finance*, 50: 23-51, 1995.

T. Loughran, J. Ritter, and K. Rydqvist. Initial public offerings: International insights. *Pacific-Basin Finance Journal*, 2: 165-199, 1994.

R. Lundholm. A tutorial on the Ohlson and Feltham/Ohlson models: Answers to some frequently-asked questions. *Contemporary Accounting Research*, 11: 749-762, 1995.

E. Lyandres, L. Sun, and L. Zhang. The new issues puzzle: Testing the investment-based explanation. *Review of Financial Studies*, 21: 2825-2855, 2008.

A. Madhavan and A. Sobczyk. Price dynamics and liquidity of exchange-traded funds. Working paper, Blackrock Inc., 2014.

B. Malkiel and E. Fama. Efficient capital markets: A review of theory and empirical work. *Journal of Finance*, 25: 383-417, 1970.

S. Malpezzi. A simple error correction model of house prices. *Journal of Housing Economics*, 8: 27-26, 1999.

T. Marsh and R. Merton. Dividend variability and variance bound tests for the rationality of stock market prices. *American Economic Review*, 76: 483-498, 1986.

C. Mashruwala, S. Rajgopal, and T. Shevlin. Why is the accrual anomaly not arbitraged away? The role of idiosyncratic risk and transaction costs. *Journal of Accounting and Economics*, 42: 3-33, 2006.

D. McLean, J. Pontiff, and A. Watanabe. Share issuance and cross-sectional returns: International evidence. *Journal of Financial Economics*, 94: 1-17, 2009.

R. McLean and J. Pontiff. Does academic research destroy stock return predictability? Working Paper, University of Alberta and MIT, 2013.

R. Mendenhall. Arbitrage risk and post-earnings-announcement drift. *Journal of Business*, 77: 875-894, 2004.

L. Menzly and O. Ozbas. Market segmentation and cross-predictability of returns. *Journal of Finance*, 65: 1555-1580, 2010.

R. Merton. A simple model of capital market equilibrium with incomplete information. *Journal of Finance*, 42: 483-510, 1987.

J. Michels. Disclosure versus recognition: Inferences from subsequent events. Working paper, University of Pennsylvania, 2013.

S. Miller. Monetary dynamics: An application of cointegration and error-correction modeling. *Journal of Money, Credit and Banking*, pages 139-154, 1991.

M. Mitchell, T. Pulvino, and E. Stafford. Limited arbitrage in equity markets. *Journal of Finance*, 57: 551-584, 2002.

P. Mohanram. Separating winners from losers among low book-to-market stocks using financial statement analysis. *Review of Accounting Studies*, 10: 133-170, 2005.

M. Muller, E. Riedl, and T. Sellhorn. Recognition versus disclosure of fair values. *The Accounting Review*, 2015. Forthcoming.

W. Nelson. The aggregate change in shares and the level of stock prices. Working paper, Federal Reserve Board, 1999.

J. Ng, T. Rusticus, and R. Verdi. Implications of transaction costs for the post-earnings announcement drift. *Journal of Accounting Research*, 46: 661-696, 2008.

R. Novy-Marx. The other side of value: The gross profitability premium. *Journal of Financial Economics*, 108: 1-28, 2013.

R. Novy-Marx. Predicting anomaly performance with politics, the weather, global warming, sunspots, and the stars. *Journal of Financial Economics*, 112

(2): 137-146, 2014.

K. Nyborg and P. Ostberg. Money and liquidity in financial markets. *Journal of Financial Economics*, 112: 30-52, 2014.

J. Ohlson. Financial ratios and the probabilistic prediction of bankruptcy. *Journal of Accounting Research*, 18: 109-131, 1980.

J. Ohlson. A synthesis of security valuation theory and the role of dividends, cash flows, and earnings. *Contemporary Accounting Research*, 6: 648-676, 1990.

J. Ohlson. The theory of value and earnings, and an introduction to the Ball-Brown analysis. *Contemporary Accounting Research*, 7: 1-19, 1991.

J. Ohlson. Earnings, book values, and dividends in security valuation. *Contemporary Accounting Research*, 11: 661-687, 1995.

J. Ohlson. On successful research. *European Accounting Review*, 20 (1), 2011.

J. Ohlson and P. Bilinski. Risk vs. anomaly: A new methodology applied to accruals. *The Accounting Review*, 2015. Forthcoming.

J. Ohlson and B. Juettner-Nauroth. Expected EPS and EPS growth as determinants of value. *Review of Accounting Studies*, 10: 349-365, 2005.

J. O'Shaughnessy. *What Works on Wall Street*, 4th Edition. McGraw-Hill, 2011.

J. Ou and S. Penman. Financial statement analysis and the prediction of stock returns. *Journal of Accounting and Economics*, 11: 295-329, 1989.

L. Pastor and R. Stambaugh. Costs of equity capital and model mispricing. *Journal of Finance*, 54: 67-121, 1999.

K. Peasnell. Some formal connections between economic values and yields and accounting numbers. *Journal of Business Finance and Accounting*, 9: 361-381, 1982.

L. Pedersen. *Efficiently Inefficient*. Princeton University Press, Princeton, NJ, 2015.

L. Peng and W. Xiong. Investor attention, overconfidence and category learning. *Journal of Financial Economics*, 80: 563-602, 2006.

S. Penman. An evaluation of accounting rate-of-return. *Journal of Accounting, Auditing, and Finance*, 6: 233-255, 1991.

S. Penman. The articulation of price-earnings ratios and market-to-book ratios and the evaluation of growth. *Journal of Accounting Research*, 34: 235-259, 1996.

S. Penman. A synthesis of equity valuation techniques and the terminal value calculation for the dividend discount model. *Review of Accounting Studies*, 2: 303-323, 1997.

S. Penman. *Accounting for Value*. Columbia University Press, 2010.

S. Penman. *Financial Statement Analysis and Security Valuation*, 5th Edition. McGraw-Hill/Irwin, 2012.

S. Penman, S. Richardson, and I. Tuna. The book-to-price effect in stock returns: Accounting for leverage. *Journal of Accounting Research*, 45: 427-467, 2007.

S. Penman, F. Reggiani, S. Richardson, and I. Tuna. An accounting-based characteristic model for asset pricing. Working paper, Columbia University, Bocconi University, and London Business School, 2014.

R. Petkova and L. Zhang. Is value riskier than growth? *Journal of Financial Economics*, 78: 187-202, 2005.

U. Peyer and T. Vermaelen. The nature and persistence of buyback anomalies. *Review of Financial Studies*, 22: 1693-1745, 2009.

M. Pinegar. Losing sleep at the market: Comment. *American Economic Review*, 92: 1251-1256, 2002.

J. Piotroski. Value investing: The use of historical financial statement information to separate winners from losers. *Journal of Accounting Research*, 38: 1-41, 2000.

J. Piotroski and E. So. Identifying expectation errors in value/glamour strategies: A fundamental analysis approach. *Review of Financial Studies*, 25: 2841-

2875, 2012.

J. Pontiff. Costly arbitrage: Evidence from closed-end funds. *Quarterly Journal of Economics*, 111: 1135-1152, 1996.

J. Pontiff and W. Woodgate. Share issuance and cross-sectional returns. *Journal of Finance*, 63: 921-945, 2008.

J. Rea, J. Remembering Benjamin Graham: Teacher and friend. *Journal of Portfolio Management*, 3 (4): 66-72, 1977.

G. Preinreich. Annual survey of economic theory: The theory of depreciation. *Econometrica*, 6: 219-241, 1938.

A. Puckett and X. Yan. Short-term institutional herding and its impact on stock prices. Working paper, University of Missour, 2013.

A. K. Purnanandam and B. Swaminathan. Are ipos really underpriced? *Review of Financial Studies*, 17: 811-848, 2004.

E. Qian, R. Hua, and E. Sorensen. *Quantitative Equity Portfolio Management: Modern Techniques and Applications*. Chapman and Hall, 2007.

M. Reinganum. Misspecification of capital asset pricing: Empirical anomalies based on earnings' yield and market values. *Journal of Financial Economics*, 9: 19-46, 1981.

S. Richardson, R. Sloan, M. Soliman, and I. Tuna. Accrual reliability, earnings persistence, and stock prices. *Journal of Accounting and Economics*, 39: 437-485, 2005.

S. Richardson, I. Tuna, and P. Wysocki. Accounting anomalies and fundamental analysis: A review of recent research advances. *Journal of Accounting and Economics*, 50: 410-454, 2010.

S. Richardson, R. Sloan, and H. You. What makes stock prices move? Fundamentals vs investor recognition. *Financial Analysts Journal*, 68: 30-50, 2012.

J. Ritter. The long-run performance of initial public offerings. *Journal of Finance*, 46: 3-27, 1991.

R. Roll. Orange juice and weather. *American Economic Review*, 74: 861-880, 1984.

R. Roll. R-squared. *Journal of Finance*, 43: 541-566, 1988.

B. Rosenberg, K. Reid, and R. Lanstein. Persuasive evidence of market inefficiency. *Journal of Portfolio Management*, 11: 9-17, 1985.

M. Rubinstein. Rational markets: Yes or no? The affirmative case. *Financial Analysts Journal*, 5: 15-29, 2001.

R. Sadka. Momentum and post-earnings-announcement drift anomalies: The role of liquidity risk. *Journal of Financial Economics*, 80: 309-349, 2006.

T. Santos and P. Veronesi. Habit-formation, the cross-section of stock returns and the cash-flow risk puzzle. *Journal of Financial Economics*, 98: 385-413, 2010.

E. Saunders. Stock prices and wall street weather. *American Economic Review*, 83: 1337-1345, 1993.

K. Schipper. Required disclosure in financial reports. *The Accounting Review*, 82: 301-326, 2007.

N. Schwarz, F. Strack, D. Kommer, and D. Wagner. Soccer, rooms, and the quality of your life: Mood effects on judgements of satisfaction with life in general and with specific domains. *European Journal of Social Psychology*, 17: 69-79, 1987.

K. Schweitzer, D. Zillman, J. Weaver, and E. Luttrell. Perception of threatening events in the emotional aftermath of a televised college football game. *Journal of Broadcasting and Electronic Media*, 26: 75-82, 1992.

W. Sharpe and G. Alexander. *Investments*, 4th Edition. Prentice Hall, Englewood Cliffs, NJ, 1990.

R. Shiller. The volatility of long-term interest rates and expectation models of the term structure. *Journal of Political Economy*, 87: 1190-1219, 1979.

R. Shiller. The use of volatility measures in assessing market efficiency. *Journal of Finance*, 36: 291-304, 1981a.

R. Shiller. Do stock prices move too much to be justified by subsequent changes in dividends? *American Economic Review*, 71: 421-436, 1981b.

R. Shiller. Stock prices and social dynamics. *The Brookings Papers on Economic Activity*, 2: 457-510, 1984.

R. Shiller. The probability of gross violations of a present value variance inequality. *Journal of Political Economy*, 96: 1089-1092, 1988.

R. Shiller. Human behavior and the efficiency of the financial system. In J. B. Taylor and M. Woodford, editors, *Handbook of Macroeconomics*, volume 1, pages 1305-1340, 1999.

R. Shiller. *Irrational Exuberance*. Princeton University Press, Princeton, NJ, 2000.

S. Shive and H. Yun. Are mutual funds sitting ducks? *Journal of Financial Economics*, 107: 220-237, 2013.

A. Shleifer. Do demand curves for stocks slope down? *Journal of Finance*, 41: 579-590, 1986.

A. Shleifer. *Inefficient Markets: An Introduction to Behavioral Finance*. Oxford University Press, Oxford, UK, 2000.

A. Shleifer and L. Summers. The noise trader approach to finance. *Journal of Economic Perspectives*, 34: 19-33, 1990.

A. Shleifer and R. Vishny. The limits of arbitrage. *Journal of Finance*, 52: 35-55, 1997.

A. Shleifer and R. Vishny. Fire sales in finance and macroeconomics. *Journal of Economic Perspectives*, 25: 29-48, 2011.

G. Shub, B. Beardsley, H. Donnadieu, K. Kramer, A. Maguire, P. Morel, and T. Tang. Global asset management 2013: Capitalizing on the Recovery. Boston Consulting Group, 2013.

T. Shumway. The delisting bias in CRSP data. *Journal of Finance*, 52: 327-340, 1997.

C. Sims. Implications of rational inattention. *Journal of Monetary Economics*, 50:

665-690, 2003.

E. Sirri and P. Tufano. Costly search and mutual fund flows. *Journal of Finance*, 53: 1589-1622, 1998.

R. Sloan. Do stock prices fully reflect information in accruals and cash flows about future earnings? *The Accounting Review*, 71: 289-316, 1996.

E. So. A new approach to predicting analyst forecast errors: Do investors overweight analyst forecasts? *Journal of Financial Economics*, 108: 615-640, 2013.

E. So and S. Wang. News-driven return reversals: Liquidity provision ahead of earnings announcements. *Journal of Financial Economics*, 2014. Forthcoming.

K. Spiess and J. Affleck-Graves. Underperformance in long-run stock returns following seasoned equity offerings. *Journal of Financial Economics*, 38: 243-267, 1995.

K. Spiess and J. Affleck-Graves. The long-run performance of stock returns after debt offerings. *Journal of Financial Economics*, 54: 45-73, 1999.

D. Stattman. Book values and stock returns. *The Chicago MBA: A Journal of Selected Papers*, 4: 25-45, 1980.

J. Stein. Rational capital budgeting in an irrational world. *Journal of Business*, 69: 429-55, 1996.

J. Stein. Presidential address: Sophisticated investors and market efficiency. *Journal of Finance*, 64: 1517-1548, 2009.

S. H. Teoh and T. J. Wong. Why new issues and high-accrual firms under-perform: The role of analysts' credulity. *Review of Financial Studies*, 15 (3): 869-900, 2002.

R. Thaler. The end of behavioral finance. *Financial Analysts Journal*, 55: 12-17, 1999.

J. Tobin. On the efficiency of the financial system. *Lloyds Bank Review*, 153: 1-15, 1984.

M. Vassalou. News related to future GDP growth as a risk factor in equity returns. *Journal of Financial Economics*, 68: 47-73, 2003.

T. Vuolteenaho. What drives firm-level stock returns? *Journal of Finance*, 57: 233-264, 2002.

J. Wahlen, S. Baginski, and M. Bradshaw. *Financial Reporting, Financial Statement Analysis and Valuation: A Strategic Perspective*, 7th Edition. Cengage Learning, 2010.

D. Wann, M. Melnick, G. Russell, and D. Pease. Relationships between spectator identification and spectators' perceptions of influence, spectators' emotions, and competition outcome. *Journal of Sport and Exercise Psychology*, 16: 347-364, 1994.

K. West. Dividend innovations and stock price volatility. *Econometrica*, 56: 37-61, 1988.

K. Yu. Does recognition versus disclosure affect value relevance? Evidence from pension accounting. *The Accounting Review*, 88: 1095-1127, 2013.

K. Yuan, L. Zheng, and Q. Zhu. Are investors moonstruck? Lunar phases and stock returns. *Journal of Empirical Finance*, 13: 1-23, 2006.

L. Zacks. *The Handbook of Equity Market Anomalies: Translating Market Inefficiencies into Effective Investment Strategies*. Wiley and Sons, 2011.

F. Zhang. Information uncertainty and stock returns. *Journal of Finance*, 61: 105-137, 2006a.

F. Zhang. Information uncertainty and analyst forecast behavior. *Contemporary Accounting Research*, 23: 565-590, 2006b.

L. Zhang. The value premium. *Journal of Finance*, 60: 67-103, 2005.

X. Zhang. Conservative accounting and equity valuation. *Journal of Accounting and Economics*, 29: 125-149, 2000.

X. Zhou and S. Jain. *Active Equity Management*. Self-published, 2014.

附 注
术语中英对照

心理学

abnormal return	超额收益率
ambiguity aversion	模糊厌恶
anchoring	锚定效应
attention anomaly	注意力异常
availability heuristic	可得性偏差
common factor	共同因子
confirmatory bias	确认偏差
control illusion	控制幻觉
culture and social contagion	文化和社会传染
disjunction effect	分离效应
disposition effect	处置效应
ellsberg paradox	埃尔斯伯格悖论
equity valuation	权益估值
frame	框架
gambling behavior and speculation	赌徒行为和投机
halo effect	晕轮效应
heuristic simplification	启发式简化
hindsight bias	事后偏见

阿尔法经济学
赢取资本超额收益的法则

hot-hand illusion	热门错觉
magical thinking	非理性思维
mental account	心理账户
mental compartment	精神分裂
multiple, market multiple	估值乘数
narrow framing	狭义框架效应
non-Bayesian belief update	非贝叶斯理念更新
perceived irrelevance of history	感知的历史无关性
prospect theory	前景理论
quality stock	优质股
quasi-magical thinking	半理性思维
regret and cognitive dissonance	后悔和认知失调
regret aversion	后悔厌恶
representative heuristic	代表性启发法
returns	收益率
seasonal affective disorder	季节性情绪失调
self-deception	自我欺骗
subtle	不明显
value stock	价值股
value-to-growth	价值—成长

经济学

accounting number	会计科目
accrual anomaly	应计异象
agency problem	代理问题
arbitrage pricing theory, APT	套利定价模型
ask price	卖价

附 注
术语中英对照

assets under management, AUM	专业资管资产
behavioral corporate finance	行为公司金融
bid price	买价
bid-ask spread	买卖价差
bootstrap procedure	自助抽样法
capital asset pricing model, CAPM	资本资产定价模型
catering hypothesis	迎合理论
clean surplus relation	净盈余关系
clientele effect	客户效应
clustering	聚类分析
competitively efficient market hypothesis	竞争性有效市场假说
delisting bias	退市偏差
dumb money	愚蠢投资者
earning news	收益新闻
earnings surprises	未预期盈余
efficient market hypothesis, EMH	有效市场假说
factor mimicking portfolio	因子模拟组合
hybrid studies	混合研究方法
incomplete information	不完全信息
information traders (smart money)	信息交易者（精明投资者）
informed investor	知情投资者
joint hypothesis problem	联合假说问题
joint test	联合检验
knowledge aggregation	知识集聚
limited attention	有限注意力
linear factor-pricing model	线性因子定价模型
marginal investor	边际投资者
market friction	市场摩擦

阿尔法经济学
赢取资本超额收益的法则

mean reverting	均值回复
model misspecification	模型设定偏误
new-listing bias	新股上市偏差
no arbitrage condition	无套利条件
no free lunch	无免费午餐
noise traders（ordinary investors）	噪声交易者（普通投资者）
non-parametric test	非参数检验
off-equilibrium/non-economic thinking	非均衡/非经济思想
orange juice futures	"橙汁"期货市场
ordinary least squares, OLS	普通最小二乘法
over-the-counter market, OTC	柜台市场（场外交易市场）
peek-ahead bias	前视偏差
pooled regression test	混合回归检验
post-earnings announcement drift, PEAD	盈余公告后股价漂移
"price is right" hypothesis	"价格正确"假说
price slippage	价格滑点
pricing anomaly	价格异象
prudent man rule	审慎人原则
public good	公共品
realized return	已实现收益率
reasonableness test	合理性检验
rebalancing bias	调仓偏差
restatement issue	财务重述
retail trading	散户交易
risk-averse	风险厌恶
robust test	稳健性检验
significance test	显著性检验
simple noise trader model, NTM	简单噪声交易者模型

附 注
术语中英对照

skewness bias	偏度偏差
smart money	精明投资者
survivorship bias	幸存者偏差
tangible book value	有形资产价值
the "as if" defense for market efficiency	对市场有效性"近似成立"的辩护
value effect	价值效应
value momentum	价值动量
variance bound test	方差边界检验

致　谢

非常感谢 Nick Guest、David Hirshleifer、Ken Li、Charles McClure、Trung Nguyen、Kent Womack、Teri Yohn 和 Christina Zhu 所给予的有用意见和建议。我们也非常感谢 Scott Richardson（审稿人）和 Stephen Penman（编辑）深思熟虑的建议。最后，特别感谢 Stefan Reichelstein 的鼓励，让我们最终坚持完成本书。